禅的思想

[日]铃木大拙 / 著
李濯凡 / 译

海南出版社
·海口·

图书在版编目（CIP）数据

禅的思想 / (日) 铃木大拙著；李濯凡译. -- 海口：海南出版社，2019. 9 (2025. 5 重印).

ISBN 978-7-5443-8857-3

Ⅰ. ①禅… Ⅱ. ①铃… ②李… Ⅲ. ①禅宗 Ⅳ. ① B946.5

中国版本图书馆 CIP 数据核字 (2019) 第 196178 号

禅的思想

CHAN DE SIXIANG

作　　者：［日］铃木大拙
译　　者：李濯凡
责任编辑：张　雪
责任印制：郄亚喃
印刷装订：河北盛世彩捷印刷有限公司
读者服务：张西贝佳
出版发行：海南出版社
总社地址：海口市金盘开发区建设三横路 2 号
邮　　编：570216
北京地址：北京市朝阳区黄厂路 3 号院 7 号楼 101 室
电　　话：0898-66830929　010-87336670
电子邮箱：hnbook@263.net
经　　销：全国新华书店
版　　次：2019 年 9 月第 1 版
印　　次：2025 年 5 月第 2 次印刷
开　　本：787mm × 1092mm　1/16
印　　张：16
字　　数：220 千
书　　号：ISBN 978-7-5443-8857-3
定　　价：49.00 元

序

禅是行为，是生活，是每天的体验，是日常的行住坐卧，因此我们说“平常心是道”，说“日日是好日”。人类也必须像其他生物那样生存，饿了就吃，渴了就喝，这是每一个人最为切实而亲近的事情。但是，我想问一问，是谁在做这些行为呢？是谁在被人招呼之后应声作答？是谁遇到熟人就会适当地寒暄打招呼？是谁受到表扬就会高兴，被人骂就会生气？这些是谁的行为呢？我们有配偶、父母、子女，他们一个接一个地出生或死去，他们从哪里来，死后又去了哪里呢？当不再把这些事情看成家常便饭的时候，禅就产生了。在此就有了概念性的把握和原理性的构成。但是，禅的生命并不存在于借助某种媒介对日常经验加以解释的地方。再强调一下，将“大都日用光中，回头换面，左之右之，物物上、头头上现前，曾无有间隙”之处的东西，在当下隔断前后联系地加以把握才是禅之机要。

因此，如道元禅师所说，禅就在“鱼行似鱼，鸟飞似鸟”之处。如果试图从思想的角度来评述，那么禅已经不在这里了。从知的角度来看，禅是无知之知、无分别之分别；从行的方面来看，禅是无行之行、无作之作。但是，无论怎样，人没有思想是不能生存的，所以禅也必须找到讲述自己的方法。这个方法就是禅的问答。因此本书按照知、行、问答的顺序编撰而成。实际上最先写的是“行”（第二编）。行即生活，乃禅的主体，所以我自然而然地就从此下笔了，于是本书的中心也就搁在了此处。

我本想在第一编将禅的思想的发展轨迹条分缕析地叙述一下，但这或许是本书无法完成的工作。第三编的“问答”部分，还希望读者参考《禅问答与悟》一书。

铃木大拙

1943 年正月于湘南风流庵

目 录

第一编

禅思想

禅，原本是在大乘佛教思想的基础上形成的，毋庸置疑，禅的思想根源是大乘佛教思想。印度式的禅那是一种观法，中国的禅则力图在我们平常的行为方面发挥功用。一句话：禅的思想是无知之知、无念之念、无心之心、无意识之意识、无分别之分别……

导论

无知之知 无分别之分别

禅原本是离不开经验的，即离不开人们的日常生活，所以禅思想最终就是禅行为，禅行为最终就是禅思想。

如今日本以“禅”冠名而广为世人所知的训练或修身之法（śiksā），早在一千两百多年前的中国就已经由汉族人完成了。它完成于唐代，而其起源则要向前追溯三百年，也就是六朝时代。

禅原本是在大乘佛教思想的基础上形成的，所以毋庸讳言，它的思想渊源来自印度。也就是说禅的依据是大乘经典。但是禅在中国却走上了不同的发展道路。“禅”字源于梵语的“禅那（jhàna）”[①]，但今天的禅与印度的禅那已大相径庭。结跏趺坐的方式仍然是传统的，但是内容已经不同。这并非完全放弃印度式的传统，但如果用它来解释今天的禅就大错特错了。因为今天的禅是在中国的汉民族当中形成的，所以它将汉民族特有的性质融入其中，已经不是具有印度民族特性的东西了。我们在理解禅的思想时必须要考虑到这一点。

① 禅那——鸠摩罗什译为“思维修”，即运用思维活动的修持；玄奘译为“静虑”，即宁静安详地深思。

禅思想的根源是大乘佛教的思想，但是在中国形成的禅有其特有的表现形式。也可以说佛教在印度已经消亡了，但是在中国和日本还活着。虽然今天在有些地方不得不说它几乎是徒有其表，但在东方各国还不能说佛教已经消亡。也许在印度还能看到佛教的一部分精神仍然存在，至少我觉得像圣雄甘地这样的人物只能在印度出现。

可以说，禅思想在中国大大发展了它的行动性。印度式的禅那是一种观法，凝心守静。而禅在中国则力图在生活本身，即在我们平常的行为方面发挥功用。禅远离了印度式的静态性，而向动态的方向发展，但这并不是说它忘记了禅定。菩提达摩6世纪初来到大梁[①]，直到一百多年后的唐代时惠能出现，禅都没有充分显露出它本来的特性。从达摩到惠能的五六代一直主张守一、看净、看心，并倡导实修。到了惠能时，他主张定慧不二，重视见性经验，奠定了中国禅的基础。见性经验并不能与平时思考的神秘论的见神经验或凝心状态相提并论。总之，在见性经验看来，知与行是合一的，所以禅也自然兼具动静两个方面。佛教称静态为体，动态为用。与其说体用两个方面并行不悖，不如说两者相互交融，形成禅的经验，构成禅的思想。

一句话，禅的思想是用无知之知、无念之念、无心之心、无意识之意识、无分别之分别、相非之相即、事事无碍、万法如如等成语、短语来表述的。禅的行为被解释为无功用、无行之行、无用之用、无作之作、无求之求。对于禅，如果我们用语言来表述、说明的话，总是会使用悖论式的文字。可以说，这表明禅思想的超越性。禅是无法用常人的平常语言来表述的，必须通过非常的语言，即充满矛盾的语言来表述。

禅原本是离不开经验的，即离不开人们的日常生活，所以禅思想最终就是禅行为，禅行为最终就是禅思想。这是因为人类的经验一方面是行为，

---

① 大梁——南朝梁，中国历史上南北朝时期南朝的第三个朝代。502年，梁武帝萧衍在建康称帝，国号大梁。梁武帝笃信佛教，曾三次出家，令朝臣用大量金钱来为他赎身。他还大建佛寺，翻译佛经等，使佛教大为兴盛。

另一方面是思想。一般情况下，我们将思想与行为分开表述，但是禅在阐述它的思想时也在阐述它的行为。总之，禅的“思想”的幽旨专门用一问一答的形式来阐明，这也是禅思想史的独特性，但是并不忽视其他的方法、形式。禅从一开始就回避建立像天台宗、华严宗那样的宏大的思想体系，但是禅也没有忘记用韵文的形式形象地吟咏，或是按照一定的韵律通过吟咏汉民族洗练的、一流的词句来弘扬禅意。这是达摩西来之后的习惯。隋唐时期，三祖僧璨①的《信心铭》、傅大士②的《心王铭》③、法融④的《心铭》、僧亡名⑤的《息心铭》⑥、永嘉大师⑦的《证道歌》等被记载在《传灯录》⑧中的自不必说，如果再加上那些已经湮灭的，以及近年来敦煌等地出土的文献，我相信这将是一个庞大的数字。

本书将从达摩的遗作开始，将几部韵文著作按照原文逐字逐句地加以解说。这样做，一方面是希望读者能欣赏到原文，另一方面也是因为禅与汉语有着无法分割的关系。

---

① 僧璨——以居士身得法于二祖慧可，后得授衣钵而成禅宗三祖。相传《信心铭》为其所著，尚有争议。

② 傅大士——南朝梁代的居士，姓傅，名翕（音 xī），字玄风，号善慧，东阳郡乌伤县人。建双林寺，维摩禅祖师，有记录其佛教思想的《傅大士录》四卷。

③ 《心王铭》——傅大士作，收录于《景德传灯录》卷三十，也收在《五灯会元》卷二。

④ 法融——牛头宗祖师，俗姓韦，润州延陵人。据传著书三卷，已佚。仅存《心铭》，收于《全唐文》卷九百零八和《景德传灯录》卷三十。

⑤ 亡名——据清严可均《全后周文》卷二十二：“亡名，俗姓宋，南郡人。本名阙殆，事梁元帝，官爵未详。梁亡出家，为夏州三藏。宇文护迎还咸阳，不知所终。”

⑥ 《息心铭》——僧亡名作，收录于《景德传灯录》卷三十。

⑦ 永嘉大师——初唐僧人，俗姓戴，字明道，号永嘉玄觉，谥号真觉大师、无相大师，浙江永嘉县人。著作有《禅宗永嘉集》和《证道歌》一首。

⑧ 《传灯录》——《景德传灯录》，禅宗史书，计三十卷，北宋真宗景德年间道原撰。

二入四行观

可名之曰同一真性的东西实际存在于万有之中，只是因为被外来的妄想之尘所蒙蔽，所以必须通过壁观来与真性冥符。

下文是对汉文原文大意的翻译或解释。为了特别说明而添加的文字收在括号内。读者只读译文就已经能够充分理解原文的意思了，但我还是希望能够为想确认译文的正确性的读者提供参考，就列出了汉文原文。

1

夫入道多途，要而言之，不出二种：一是理入，二是行入[①]。

可入道之路，多倒是很多，但最重要的有两条：一是理入，二是行入。

① 这里1～8则汉文原文均出自菩提达摩《略辨大乘入道四行》(《景德传灯录》卷三十)。古籍原文、句读依本书作者。

2

理入者：谓借教悟宗。深信含生[1]同一真性，但为客尘妄想所覆，不能显了。若也舍妄归真，凝住壁观[2]，无自无他，凡圣等一，坚住不移，更不随于文教，此即与理冥符[3]。无有分别，寂然无为，名之理入。

所谓“理入”，就是通过经典之教诲来体悟玄理。如此便可明白——深信所有的人都具有同一的真性，但被妄想（迷）这个外来的污尘所遮蔽，未能显现出来。若能舍弃妄想，回归真性，凝住壁观，就能明白，既没有自己，也没有他人，无论是凡人还是圣人，都是平等的。坚定不移地守住这种体验，不要被文辞丽藻迷惑。如此这般，就可与真性之理冥符，其间再不会有任何区隔。这样得到的寂然无为的境界，叫作“理入”。

3

行入谓四行，其余诸行悉入此中。何等四耶？一、报冤行；二、随缘行；三、无所求行；四、称法行。

“行入”包括四行，其他诸行都可包含在其中。何为四行？一是报冤行，二是随缘行，三是无所求行，四是称法行（此四行的意思容后说明）。

---

① 含生——一切有生命者，多指人类。

② 壁观——“面壁静观”，不是单纯地面壁而坐，而是一种“心如壁立，坚住不移”的入禅的精神状态。静观，指悟入佛理（真理）时的无上境界。

③ 冥符——暗合，契合。

4

云何报冤行？谓修道行人，若受苦时，当自念言：我从往昔无数劫中，弃本从末，流浪诸有，多起冤憎，违害无限。今虽无犯，是我宿殃，恶业果熟，非天、非人所能见与，甘心忍受都无冤诉。经云："逢苦不忧，何以故？识达故。"此心生时，与理相应。体冤进道，故说言报冤行。

所谓"报冤行"，是指修道之人在面临苦难的时候，必须作如是想：自己历经过去无量劫，舍本求末，在各种世界流浪，使他人对自己抱有冤憎之心，做了无数的违害本心之事。虽然今生没有犯下别的什么罪业，但是自己过去罪业的果报而今已经成熟，并被施加到自己身上。这不是天降之业，也不是他人强加的。没有人知晓，必须自己忍受，不能有不平之心，不能怨恨任何人。经书上说，即使遇到困苦，也不必忧烦，为什么呢？因为穷究其理，自然会晓畅明白。无论是谁，如有此心，都能与自然之理相合，这是因为通过体验冤憎，才能走上大道。

5

二随缘行者，众生[①]无我，并缘业所转，苦乐齐受，皆从缘生。若得胜报荣誉等事，是我过去宿因所感。今方得之，缘尽还无。何喜之有？得失从缘，心无增减，喜风不动，冥顺于道。是故说言随缘行。

二是所谓"随缘行"，因为众生的本质本就是无我（这将在后文解释），所以才超越了因果，而且都因业而流转，时而受苦，时而享乐。这些都源自当时的业缘。即使在人世间有什么好事情，那也是因为自己过去的宿因

① 众生——一切有生命的，泛指人和动物。语出《百喻经·序》。"佛言：我今问汝，天下众生为苦为乐？"

感动了佛而得来的。如果缘尽，则一切皆无，所以也没有什么值得特别高兴的。得失都是因缘而生，所以最好是心中不抱增减（即喜忧），泰然不动。因为冥冥之中顺道而行，才叫随缘行。

6

三无所求行者，世人长迷，处处贪著，名之为求。智者悟真，理将俗反。安心[①]无为，形随运转。万有[②]斯空，无所愿乐。功德[③]黑暗[④]，常相随逐。三界[⑤]久居，犹如火宅。有身皆苦，谁得而安？了达此处，故舍诸有[⑥]，息[⑦]想无求。经云："有求皆苦，无求乃乐。判知无求，真为道行。"故言无所求行。

三是无所求行。世间之人已迷失很久了，所以所到之处都充满贪欲。这就叫作求。智者领悟真性，自然与俗人不同。因为心有所安，所以没有什么可焦虑的，就会随形而动。万物（在本质方面）是空，所以不要对其抱有愿乐。功德天和黑暗女总是形影相随。永居三界，就如同身在火宅。只要有所谓身（所谓心）这样的东西存在，就会成为苦的种子，就不可能

---

① 安心——完全停止对外在世界的认识，连自己的呼吸都感受不到的境界，即"外息诸缘，内心无喘，心如墙壁，可以入道"（唐宗密《禅源诸诠集都序》卷二，见《大正藏》第四十八册）。

② 万有——万物，万象。

③ 功德——功德天，吉祥天女。婆罗门教、印度教中的命运女神、财富女神。最早见于《梨俱吠陀》。佛教中，她是护法天神、四大天王之一的毗沙门天（多闻天）的妹妹，因有大功德于众，故称功德天。

④ 黑暗——黑暗女，吉祥天女的妹妹，能使人耗尽财富，常与功德天形影不离。《涅槃经》卷十二："姊云功德天，授人以福；妹云黑暗女，授人以祸。此二人常同行不离。"

⑤ 三界——佛教指众生轮回的欲界、色界和无色界。

⑥ 诸有——所有，一切。语出《百喻经·出家凡夫贪利养喻》。"昔有国王，设于教法：诸有婆罗门等，在我国内，制抑洗净。"

⑦ 息——停止。

安心。如若了达这个道理，就不会贪念诸有，自然也就无所求。经书上说，若有所求，就都是苦；若无所求，就都是乐。只要懂得无求，就是真正行于大道。这就是无所求行。

7

四称法行者，性净之理，目之为法。信解[①]此理，众相[②]斯空，无染无著，无此无彼。经云："法无众生，离众生垢故。法无有我，离我垢故。"智者若能信解此理，应当称法而行。

四是所谓"称法行"。性（即绝对的存在）本是清净（绝对的），这就叫作法。若信解此理，就会明白，一切有相（相关的）之物皆是空，即远离染著，彼此不能抓到。经书上说，法无众生（相），那是因为远离了众生垢；法无我（相），那是因为远离了我垢。智者若能信解此理，就能做出符合法理的行为。

8

法体无悭，于身命财，行檀舍[③]施，心无吝惜。达解[④]三空，不倚不著。但为去垢，净化众生，而不取相。此为自行，复能利他，亦能庄严菩提[⑤]之道。檀施既尔，余五亦然。为除妄想，修行六度[⑥]，而无所行，是为称法行。

---

① 信解——对佛法心无疑虑，明见其理。

② 相——容貌，外观，外形，形态。

③ 檀舍——布施。

④ 达解——明白，理解。

⑤ 菩提——梵语 bodhi 的音译，意译为觉、智、道等，即觉悟。

⑥ 六度——又译作六到彼岸。度，梵文 pāramitā（波罗蜜多）的意译。六度指使人从生死的此岸渡到涅槃（寂灭）的彼岸的六种法门，即布施、持戒、忍辱、精进、静虑（禅定）、智慧（般若），也叫"六波罗蜜"。

就是说，法之体没有贪吝等欲望，所以若循之而行，就能抛弃身命财，行檀波罗蜜[①]。即使向他人施舍，自己心中也不会觉得可惜。因为理解三种空（人空、法空、俱空），所以不再拘泥于事物。净化众生是为了去垢，不会滞涩于相。这就是自行（也可叫作他行），也能利他。因此也能实现菩提之道。这是第一波罗蜜的檀那（布施）行，而其他五个也都是为除却妄想而行。而无论怎么行，都不留行的痕迹，就叫"称法行"。

据此来看，达摩认为，可名之曰同一真性的东西实际存在于万有之中，必须将其显现出来。只是因为被外来的妄想之尘所蒙蔽，所以必须采取一种叫作壁观的修行之法，来与真性冥符。一旦凝住于此法，就能远离自他凡圣等的分别，进入寂然无为的境界。这个境界即真性。真性是同一性的，是历史性发展的。也就是说，通过业缘而形成众生的世界。如果不看这个同一性，就会因被众生界的个多性所捕捉而抱有冤诉之念。智者超越了业缘的世界，所以即使处在违害无限的生死喜忧之间，仍能甘心忍受，进入大道，并依大道而生活。

在叫作业缘的历史性的现实生活之中，有无数受苦的机会。即使现在没有意识到某些罪业，它也是宿殃，来自存在本身，也即非天、非人，最好是被施加什么就接受什么。这就叫随缘行。无我存在于历史性的现实深处，我们称之为"众生无我"。无我，即无心、无为、无求，因此才"缘业所转"。若只看现实中的业缘，则有得失，有苦乐，有增减，有功德天与黑暗女的形影相随，有运转，有随逐，因而不知其所穷极。但是这些都是编织在无我的布料上的"识达"，所以一旦"与理冥符"，就能住在"安心无为"的境界。这就是"称法行"，就是"符合法理的行为"。

只要符合法理，自然就会无所求行。无所求行与称法行是同一行为的两个方面。可以说前者是消极的一面，后者是积极的一面。最后的结果是

---

① 檀波罗蜜——檀那，布施。

"修行六度，而无所行"。行而不行，这是理行二入的宗旨，即达摩西来之意。行入是行，理入是不行。因此二入，而形成行而不行这样的般若[①]的即非逻辑[②]。禅家一般认为，达摩的"二入四行论"比较浅显，就是说还不是"道之极"。但也未必如此，虽然在表现形式上还未脱印度遗风，但是在主旨方面，与唐宋时期的禅家所宣扬的内容没有分毫差别。因此临济[③]也说：

"自达摩大师从西土来，只是觅个不受人惑底人。"[④]

所谓"不受人惑"，就是不为现实中的业缘所困惑。我们必须明白，这与"体用"的概念相似，我们不能分开来看达摩的二入，理入和行入不过是从理和行两个方面来看同一事物而已，两者不应分开思考。无理之行、无行之理，都是跛脚人的脚步。因而禅者不从概念上解读——当然这也很重要——而是从所谓事上得解，从事中见法。

仔细分析一下达摩的理行二入说，就会发现，他之后展开的禅思想的大意都已经包含在其中了。达摩作为中国禅宗初祖，已将后来可能发展出来的所有的禅意都收到他的二入论里了。临济也引用了西天二十二祖摩拏罗尊者[⑤]的《传法偈》，禅意尽在此偈中，达摩的二入也未出其外。

---

① 般若——梵文 prajñā 的音译，意译为智慧，指通过直觉的洞察所获得的先验的智慧或最高的知识。

② 即非逻辑——《金刚经》有云："佛说般若波罗蜜，即非般若波罗蜜，是名般若波罗蜜。"铃木大拙将这句话加以公式化，即"A 即非 A，故为 A"（A 不是 A，所以是 A），并将这样的逻辑表述方式叫作即非逻辑。

③ 临济——临济义玄，黄檗希运的弟子，俗姓邢，山东曹州人。后在河北滹沱河畔建临济院，为临济宗祖师。

④ 出自《临济录》(《大正藏》第四十七册)。

⑤ 摩拏罗尊者——据说禅宗在古代印度自初祖摩诃迦叶起，传了二十八代，史称"西天二十八祖"。摩拏罗尊者为二十二祖，据《景德传灯录》卷二，摩拏罗尊者乃"那提国常自在王之子也。年三十，遇婆修祖师。出家传法至西印度"。

心随万境转，
转处实能幽。
随流认得性，
无喜复无忧。[①]

临济还说：

“菩提无住处，是故无得者。道流[②]，大丈夫汉，更疑个什么？目前用处更是阿谁？把得便用，莫著名字，号为玄旨。与么见得，勿嫌底法。”[③]

这也不过是叙述了无住之住、无得之得、无用之用、无名之名、无见之见、无行之行。达摩用达摩式，临济用临济式，而德山[④]用德山式，洞山[⑤]用洞山式，各用各的表现手法，所以仅从文字来看，会很“迷惑”吧。然而说到“把得便用”其意，就没有什么“嫌底法”了。达摩说“与理冥符”，说“冥顺于道”，说“信解此理”，说“与理相应”“悟真”，说“归真”，说“真为道行”等，都是洞彻三空——人空、法空、俱空——之义。人空、法空是否定主客对立的世界。俱空则是再否定这个否定。所以如果对三空之义不加以分别解释，而是一解而达解，那么在般若的即非逻辑当中，就只能是下文所说的无得之得。对比的否定之否定，即俱空观，对比反而被全盘接受，个多的世界直接变成一如的世界，于是禅的生命绵延不

---

① 出自《景德传灯录》卷二《第二十二祖摩拏罗》。

② 道流——修道者流，修行的人。

③ 出自《临济录》(《大正藏》第四十七册)。

④ 德山——德山宣鉴，唐代高僧，龙潭崇信的弟子。俗姓周，因熟知《金刚经》而被称为“周金刚”。

⑤ 洞山——洞山良价，云岩昙晟的弟子。俗姓俞，会稽人。五家七宗之一，曹洞宗祖师。敕谥悟本禅师。

绝。临济有临济式的表现手法，《临济录》有：

问："如何是西来意？"

师云："若有意，自救不了。"

云："既无意，云何二祖得法？"

师云："得者是不得。"

达摩自西方来到唐土，他的目的是什么呢？

临济回答，如果达摩有什么意旨，那么他连自己都救不了吧。

又说，如果达摩没有任何意旨，只是单纯来到东土，那么慧可[①]又是得了什么法而成为禅宗二祖的呢？

所谓"得法"，就是不得之得。（一说得到或拿到手，就会觉得有什么东西在那里。其实客观上并不存在那样的对象，主观上也没有能拿出来给别人看的东西。）

云："既若不得底，云何是不得底意？"

师云："为尔向一切处，驰求心不能歇。所以祖师言，'咄哉！丈夫，将头觅头'。你言下便自回光返照，更不别求。知身心与祖师不别，当下无事，名得法。"

若是"不得"之"得"，就必须有"不得"。那么这个"不得"又是什么呢？

临济回答，若问是否有所谓"不得"，就说明你迷惘在驰求之心，即相对的、对象性的思维之心中。一说什么，就认为那里有"一物"。所以祖

---

① 慧可——一名僧可，禅宗二祖。俗姓姬，名光，虎牢（河南荥阳）人。

师说："你这个傻瓜，你是想在自己的脑袋上再摞一个脑袋呀。"你们最好按照我所说的，停止向外寻找什么对象性的东西，应该把光转向内。所谓"向内"，就是不要总是把东西当作对象来看。如果这个能做到，就会明白自己和祖师不是不同的人。一旦明白，那么从此时起，立刻就会成为本来无事之人。所谓"得法"，就是这个意思。

在达摩的二入论中成为问题的是壁观。"壁观"是什么意思呢？不是很清楚。一说到"凝注壁观"，就会想象是一种凝心状态。但是这样一来，既不会有行，也不会有用，更不会有知。所以我觉得，"壁观"是指惠能等主张的定慧不二的境界。达摩的表述看上去似乎有些不够充分，但是这也是不得已的。他的思想必须从他以后的发展过程中去回顾。他不是哲学家，而且他留下的文字也只有只言片语。

据记载，达摩在教授慧可时说："外息诸缘，内心无喘，心如墙壁，可以入道。"[①] 一般认为，这个"如墙壁"就是壁观的当体。一旦停止与外缘即环境的联系，停止内心的动摇，心即凝注于壁观。但这也未中肯綮。在问为什么的时候，受教后的慧可回答："了了常知故，言之不可及。"[②] 如果"凝注壁观"就是沉滞于"性净之理"，就不会有慧可那样的体悟，达摩也就不会在印证之后说"此是诸佛所传心体"[③] 了。壁观不仅是观照，还是智。智是定慧不二的智。然后产生四行，特别是称法行。如果没有这个智，也就不会有这个行。行即是用。如果不深入探明这些消息，就不能吃透达摩的二入说。

---

① 唐宗密《禅源诸诠集都序》卷二（《大正藏》第四十八册）。

② 出自《景德传灯录》卷三《第二十八祖菩提达摩》（原书作"第二十八祖菩提达磨"，"达磨"即达摩，为方便现代读者，本书均作"达摩"——编者注）。"《别记》云：师初居少林寺九年，为二祖说法，只教曰：'外息诸缘，内心无喘，心如墙壁，可以入道。'慧可种种说心性理，道未契。师只遮其非，不为说无念心体。慧可曰：'我已息诸缘。'师曰：'莫不成断灭去否？'可曰：'不成断灭。'师曰：'何以验之云不断灭？'可曰：'了了常知，故言之不可及。'师曰：'此是诸佛所传心体，更勿疑也。'"师，即达摩祖师。

③ 出自《景德传灯录》卷三《第二十八祖菩提达摩》。

因此，我们再读一下达摩的《安心法门》，看看禅思想的始源是什么。《安心法门》不像二入说那样可以归纳在一起，只是按自己的想法把达摩所言串在一起。所以，可以认为每一段都具有独立个别的性质。

安心法门

安心得于“慧眼开”处。用慧眼能看到心，并摆脱心的束缚，即能超越分别计较心。

1

迷时人逐法，解时法逐人。解时识摄色，迷时色摄识。[①]

迷茫的时候，我们被对面的东西到处追赶；开悟的时候，对面的东西就跑过来，成为我们这里的东西。开悟时，外境被摄入我们的心中；迷茫时，我们的心反而被外境左右。

2

但有心，分别计较，自心现量者，悉皆是梦。若识心寂灭，无一动念处，是名正觉。

人一有自心，就会分别，就会做各种各样的计较。这就是有心，是自

① 1～14则原文出自达摩《安心法门》。《安心法门》为《少室六门》中的第四门，《宗镜录》和《正法眼藏》收有此文，也载于《大正藏》第四十八册。

心现量。这种分别计较所产生的东西都是梦幻，不具有现实性。当这种分别的有心寂灭，计较之一念不动的时候，就是正觉。（所谓“一念不动”，就是不从二元的、对象的角度看待事物，也不仅是寂静。）

3

问：“云何自心现量？”答：“见一切法有，有不自有，自心计作有。见一切法无，无不自无，自心计作无。乃至一切法亦如是，并是自心计作有，自心计作无。”

问：“自心现量是什么意思？”

答：“我们会问，物是有，还是无？所谓有和无，并非有自然是有，无自然是无。因为我们在自己的心中计量有无，所以才形成拥有有、拥有无的世界。也就是说，我们是在分别计较的心里制造出有无的。”（有和无是对象性逻辑的产物，并不是各自独立的。它们都是相关联的存在，所以不能认为它们已经离开了分别它们的自心。分别加上无分别，即在一念不动之处才有正觉。）

4

又若人造一切罪，自见己之法王，即得解脱。

虽然我们曾经造作过许多罪业，但这些罪业都是从我们这颗以分别为主的有无之心产生的。还有超越有无的东西，即法王。一旦我们发现法王就是我们自己，那么解脱之门就打开了（“天上天下唯吾独尊”[①]之义）。

① 语出《五灯会元》卷一《释迦牟尼佛》。

5

若从事上得解者，气力壮；从事中见法者，即处处不失念；从文字解者，气力弱。

佛教分理和事。理是指概念上的普遍性的理，事是个多的特殊之义。所以从我们的日常经验中得到解悟、体会法理的人，在其得力方面大有值得一观的东西。在行住坐卧上不失其解。相反，仅在概念和文字上得到解悟的人，其力量自然就很微弱。

6

即事即法者深，从汝种种运为。跳踉颠蹶，悉不出法界，亦不入法界。若以法界入法界，即是痴人。

若是从事上得悟，而且洞彻法理，那么无论做什么事，无论是蹦是跳，都不会跑到法界之外，也不会进入法界之中（因为这个人与法界一起运为行动，所以这里没有出入的问题）。反之，痴人想从自己之外来看法界，所以试图对本来就在那里的东西建立出入的分别观，并以此来约束自己和他人的行为。迷惑就是从这里产生的。

7

凡有所施为，皆不出法界心，何以故？心体是法界故。

无论做什么事情，都不可能跑到法界心之外去。因为我们的心是以法界为体的，也就是说，心即法界，法界即心，所以我们的心是不会跑到法界之外的。（这里的“法界”可以理解为开悟的世界。）

8

问："世间人种种学问，云何不得道？"

答："由见己故不得道。己者我也。至人逢苦不忧，遇乐不喜，由不见己故。所以不知苦乐，由亡己故。得至虚无，己自尚亡，更有何物而不亡也？"

问："世间的人们都在学习各种学问，但是怎么也不能得道，这是为什么？"

答："那是因为他只看到自己。所谓'自己'，就是我，就是所谓'我呀，我呀'的'我'。至人即使处于苦乐之境，也不特别地喜，也不特别地忧。这是他不看自己的缘故。即使有苦乐，也不从自我中心主义的角度来看待，这就是没有自己。知晓无的境界的人，无论置身于什么样的环境都不会成为环境的俘虏。"

9

问："诸法既空，阿谁修道？"

答："有阿谁，须修道；若无阿谁，即不须修道。阿谁者，亦我也。若无我者，逢物不生是非。是者，我自是，而物非是也；非者，我自非，而物非非也。"

问："假如诸法已经是空，那么就没有任何人，于是也就没有人修道了吧？"

答："如果有谁的话，那么这人原本就应该修道。但是如果没有任何人，就不需要修道了。这里所说的'阿谁'就是我。一旦到了无我、无自己的地步，那么对万境就不会抱有是非之念。是也罢，非也罢，这样的价值判断是将我置于其中而做出的。物，即对境自身并不叫作是与非。也就是说，对境自身没有是与非。

10

即心无心，是为通达佛道。即物不起见，名为达道。逢物直达，知其本源，此人慧眼开。

即心无心，却要通达佛道。即物而不引起这样那样的自见，这就是达道。如果有人对从对面过来的事物，直达其理（其间不用什么媒介），通晓其本源，那么这个人的慧眼就打开了。

11

智者任物不任己，即无取舍违顺；愚者任己不任物，即有取舍违顺。

智者任由对面的事物，而不确立这边的自己，所以就没有取舍违顺。反之，愚者则总是优先确立自己，而不任由对面的事物，所以就有取舍违顺。

12

即一切处无心，即作处无作法，即是见佛。若见相时，即一切处见鬼。

如果无论身处何地，都不被所在之处——“此”——所捕获，那么在做某事时，对其行为就不受自觉意识的约束。这就是见佛（就是抓住真实的存在）。相反，若承认相（对象）且被相捕获，那么无论到哪儿，都会见鬼（将不存在错认为是存在）。

13

取相故，堕地狱。观法故，得解脱。若见忆想分别，即受镬汤炉炭等事，现见生死相。若见法界性，即涅槃性。无忆想分别，即是法界性。

堕入地狱是因为被相（非存在）所捕获，得解脱是因为看到法（存在）。忆想分别（由取相而生起），所以看到它的人就造出了地狱的因。也就是说，认为生死存在于现实——真实——之中，然后就要受镬汤炉炭之苦。相反，如果彻悟法界之性，也就明白这是涅槃之性。若问法界之性是什么？它只存在于没有忆想分别的地方。

14

心是非色故非有，用而不废故非无。用而常空故非有，空而常用故非无。

心不是色法（对象性），所以在这种意义上就不是有，但是因为没有所谓“休废其用”一说，所以也不能说是无。虽说有用，但是又没有可控制它的东西，此即是空，所以也不能说是有。空就是空，但因为用总是从中产生，所以不能说是无（心不属于有无的范畴）。

有关《安心法门》的历史性研究，在拙著《少室逸书》中曾有所介绍，所以在此省略。这个题目不是达摩自己选定的，而是后人从达摩的遗作中摘录出以上 14 则，体会达摩的意旨，而加上“安心”二字的吧。本来达摩在《二种入》的序言中已经阐明了开示“大乘安心之法”的主旨，所以由此可知，他是以心为主题，在汉地迈出了他传道的第一步。达摩的继承者慧可，在与达摩见面时说“觅心了不可得”[①]也是这个理由吧。《安心法门》的主题自然也必是心，而且安心就是达摩和慧可最为关心的事情。根据敦煌出土的《楞伽师资记》[②]的记载，求那跋陀罗[③]在达

---

① 出自《景德传灯录》卷三。“光曰：‘诸佛法印，可得闻乎？’师曰：‘诸佛法印，匪从人得。’光曰：‘我心未宁，乞师与安。’师曰：‘将心来与汝安。’曰：‘觅心了不可得。’师曰：‘我与汝安心竟。’”

② 《楞伽师资记》，全一卷，唐净觉撰。又叫《楞伽师资血脉记》，收于《大正藏》第八十五册，原为敦煌写本。

③ 求那跋陀罗（Guṇabhadra）——意译功德贤，中天竺人，本是婆罗门。先学小乘，后转大乘，时人尊称为摩诃衍。435 年到广州，被南朝宋文帝迎入建康。他翻译了《杂阿含经》《楞伽经》等经书，对中国佛教产生了很大的影响。

摩之前，就已经在教授“安心”了。安心这个词是从什么时候开始使用的呢？我也不清楚，但这个词能指示宗教的终极目标。只要心不在真实体之中被捕获，人就总是处在不安的状态。有的人没有充分觉悟到这种不安性，但是虽说没有觉悟，却不能说没有不安。其证据就是，这类人的感性生活是极其落寞的，他们经常感到恐惧。如果源头不静，那么在末端就不可能不乱。心在其根源就必须要沉静下来，必须像岩石一样盘踞在大地上。于是这心之石就必须扎根于大地之下。“心”原本是什么呢？

《安心法门》中的“心”有两种含义。一种是我们平时所说的心。心理学家称其为“意识”。《法门》还将这个心叫作人，使其与法相对。有时也叫作己，叫作我。一旦以这个我或己为中心，来面对外境和内境，迷惑的世界就出现了。迷惑就是自心计或自心现量。从逻辑上看，就是分别计较或忆想分别。由于这个分别而出现了诸法，出现了生死之相。若将体和相分开来说，那么心即是心相。如果将有和无分开来看，那么心就是有心。一方面，《安心法门》似乎就是这样来思考心的。这是对心的一般的看法。

另一方面，心似乎又是这样的。

这个心与有心相对，是无心的心；与心相相对，是心体；与我相对，是无我；与有无之心相对，是非有非无之心。心以诸法为对境来看生死之相，但心就是法本身，正从生死之境解脱出来。因此，心是法界心，又以法界为体。从自生死中解脱这个角度来说，心是涅槃，是佛，是法王。心通过自心计，或自心现量，或分别计较，或忆想分别，来观一切法（或诸法），并以此为有、为无。心则与之相反，因为不见一物，所以诸法皆空。因为心是无我，是无心，所以“己自尚亡，更有何物而不亡也”，与只看心的立场正相反。

以此观之，心与心似乎是绝对不能相容的两个极端。但是，因为心即物不起见，所以从心的方面来看，也不能说心与心是相互矛盾、相互冲突、相互抵消的。而且必须要说的是，发生这样的事情是在从心看心的时候。对于心来说，分别计较是其特性，所以才用所谓自心计来有无一切，是非一切，并使种种运为跳跃颠仆。所以只要心是心，就不能离开其分别性，就不能不起见。而且一旦起见，就不能见心。心若不是不见之见，就看不见。心若不超越自身，就不可能成为心。心的性质是忆想分别或分别计较，所以它的用就不得不受限制，就不能说"用而不废"。这是只属于心的用。心能够变成这样，是因为它既不是色，也不是识，也就是说，是因为心自身具有"用而常空""空而常用"的性质。把心的这种性质叫作"性净之理"正是前文《二种入》一章中达摩所主张的。称法行于"无染无著，无此无彼"之处得以实现。行即是用。称法行，即符合法之理的用来自于空，因此不见之见除了来自于此，别无出处。分别计较的心通过舍弃、否定自身，才能从起见中解脱，才能体认无见之见。这就叫"法逐人"，就是道元[①]所说的"万法来证我"。与此相反，"人逐法"就是自心计。《法门》中的"是者，我自是，而物非是也；非者，我自非，而物非非也"就是这个意思。

假如心与心如上所述是完全不同的存在，两者之间没有任何共同点，是绝对矛盾的话，那么心就没有机会看心，心也不能对心产生作用。然而达摩以及之后的禅者虽然排斥分别计较，却又依靠分别计较，即以此为媒介来表述无分别的心体，这是什么原因呢？虽说不立文字，却又大量地使用文字，欲将不立文字文字化，这又是为什么呢？在一方面绝对不可能的东西，在另一方面却不仅将其说成可能，甚至还当作现实来加以论述，这又是为什么呢？

从经验事实的角度来看，可能、不可能都可以看作逻辑上的假说。而事实上也就是这么一回事，即因为是这样，所以是这样。从禅者的角度来看，这只不过是无绳自缚而已。但是这样一来，不但哲学家不认可，就连

---

① 道元——日本镰仓初期的禅僧，日本曹洞宗祖师。曾于1223年赴南宋，受曹洞宗禅师天童如净的印可。1228年回国。著有《正法眼藏》（假名版和汉字版）等。

作为普通人的我们也都希望说得更清楚一些吧。那所谓清楚因为甚不清楚而让人为难，结果就成了请求在“分别计较”方面给我们说点什么。但是，这分别计较实际上正是禅者所排斥的东西，所以从禅者的角度来看，就变成不得不用自己不喜欢的东西来表述自己了。禅者把这叫作“草里辊”①“不知拖泥带水出”，但我觉得这也没有是非，所以想稍微辩解几句。其实，这样的问题属于哲学领域，不是本书的读者所要求的。但是，如果想说一点自己的所思所想便如下文。

分别计较心（即心）是相对的、实验性的、合理的，所以总是处在主客相互牵制的世界里。然而这个心是不以此为满足的。它是不安心。不安心也有各种各样的相，但最根本、最现实、最为痛切的，就是直面生死的现实。也可以称其为罪恶观，或追求存在的意识。生死是无常的。对于时时刻刻都在变化的事物是无法安心的。安心如果不是建立在不变、不动、不生不死的事物之上，是不可能的。我很想找到永远不变的存在。若加以情绪化的解释，那么我感觉自身的相关性中有一些缺陷，即罪恶。在将罪恶看成是染污的时候，就会憧憬“毕竟净”②的境界。为什么这样呢？我必须说，这是因为分别计较心达不到心的程度。心毕竟不是心。所以若说是心，般若的逻辑就必须是这一事实的道取。

在哲学家当中，有的人会说，虽说分别心要向自己之外去寻找非自己的东西，但他所求的东西事实上是否真的存在却是另一个问题。就像做梦，在醒着的现实界，曾经看到的东西、将要看到的东西、想要看到的东西，都是那样真实地存在着的吗？这是单靠梦中的事实或可能的东西难以穷究的。也可能有学者认为，这甚至是另外一个需进行逻辑性考察的课题。但是，这种想法还是没有离开分别计较心。一旦成为心本身的根本问题，那

① 草里辊——语出宋圆悟克勤《碧岩录》卷三第二十三则圆悟评唱。“‘妙峰孤顶草离离’，草里辊有什么了期？”辊（音 gǔn），车毂匀整齐一状，引申为滚动、运转。

② 毕竟净——涅槃、实相等真理的异称。

么无论如何都一定会表现出比心更重要的用。这似乎要从根本上推翻心，所以在未遇到推翻的事实本身的时候，必须说，在此之上没有使分别计较发挥作用的余地。心感到不安一定是对推翻的无自觉的憧憬。三条腿的人，也许能够想象得出，也能在梦里见到，但仅以此不能证明三条腿的人是存在的，所以仅靠无自觉或无意识的憧憬，或许解释不了不安心。但如前所述，这只不过是在分别计较的圆周上不断地转圈而已，当然无论如何也跳不出这个圆周。只要将此作为唯一的立场紧紧地抓住，就根本不可能跳出三条腿的逻辑框框。现在的问题是关于分别的圆周的，所以如果依靠只在所限定的圈子内起作用的逻辑，那么其对整个圆圈是不可能有效的。假如能够有效，那么整个圆圈就不是它自己，就成为包裹在自己当中的个多的一。我必须说，这是非常不合理的。因此，不安心、罪恶感、对象逻辑的超越诉求无论如何都无法从分别计较心所生存的地方产生出来。因而，只靠这心的用是搞不清楚它的实情的。总之，不安心——以此概括因宗教意识的抬头而产生的所有的心理状态——是事实，是动摇个多的存在的根底的东西，所以必须要想办法加以处理。但是，如果靠分别计较心无法做到，那么我们应该怎么做呢？

根据达摩的“安心法门”，安心得于“慧眼开”处。慧眼，在这里虽然是新的词汇，但佛教大体就是慧的宗教，佛教的教义就是围绕着慧或智慧展开的。用慧眼能看到心，并摆脱心的束缚，即能超越分别计较心。《二种入》将这种“慧眼开”叫作壁观。壁观的相关解释有很多种，而依我今天的认识，壁观相当于今天所说的直观或直觉。而且慧眼将无媒介的直觉性当作它的性质。“安心者壁观”[①]，除却不安心并非分别计较本身，必须是无分别无计较本身，必须是不起见，逢物“直达”，知其本源。所谓“直达”，是指不借助如知识之类的媒介直接通达。《法门》云：“识心寂灭，

---

① 出自《景德传灯录》卷三十菩提达摩《略辨大乘入道四行》弟子昙琳序。“如是安心者，壁观。如是发行者，四行。如是顺物者，防护讥嫌。如是方便者，遣其不著。”

无一动念处，是名正觉。”而正觉、慧眼开、壁观都是指同一事象。它寂灭识心的分别计较，它在没有丝毫动念之处，即还没有产生依靠媒介的知识之处。一般只能把它叫作直觉或直观。这就叫作“即物不起见”。所谓“物”，就是对象。所谓“即”，就是成为对象本身。一旦成为对象，那么所见之物与被见之物之间的对立就消失了。于是，就不会形成作为媒介的见——知识，如同“不见一物，名为见道”[①]那样，成就不见之见。这时的消息就叫“慧眼开”，即所谓“悟”。

仔细梳理一下，我们发现，仅仅通过《安心法门》就能充分了解达摩的宗旨——禅旨。如果说前文略述了禅的知性方面，那么下文所述可以说就是禅的行为方面了。只有思想方面和行为方面都齐备，才能说禅被说透了。行为方面将在别处叙述，这里仅触及一点。

行为方面也可以从思想方面来谈。心可以看作由分别和计较或是由忆想和分别构成的，而分别是思想，计较和忆想是情绪。行为则是以情绪为主体的。实际上，也可以不做这样的分析，现在我们就先图个方便吧。行为禅通过《二种入》中的四行做了详尽的解释，但是《安心法门》有一点须加以说明。这可以从“不见己”“即心无心”“任物不任己”“即作处无作法”“空而常用，用而常空”“法逐人”“事中见法”等文字当中看取。这与《二种入》的“判知无求”“达解三空，不倚不著”“得失从缘，心无增减”等的意思是相同的。但是，《安心法门》比《二种入》更加形而上学，而且更具有认识论色彩。《安心法门》主张心，绝对的、超越性的、超合理性的心，所以可以说比《二种入》更具有哲学性。总之，如果达到慧眼豁开，“不行一物”[②]的程度，就触及了禅行为的原理。

① 出自达摩《安心法门》。“不见一物，名为见道。不行一物，名为行道。”

② 不行一物——见前注。

信心铭

“二由一有，一亦莫守”，二是因为原来的绝对一或者绝对无才有的，但不应把这个一当作一来固守。

继达摩的《二种入》(或《四行观》)和《安心法门》之后阐述禅思想大纲的是三祖僧璨的《信心铭》。二祖慧可虽然有《与向居士书》，但因篇幅较短，在此省略。《信心铭》是一篇恢弘的哲学诗，禅旨大要尽在其中。在他之后，这篇韵文时常被引用。它由四言、一百四十六句、五百八十四字构成。现在介绍一下《信心铭》。

1

至道无难，
唯嫌拣择。
但莫憎爱，
洞然明白。[①]

① 1～31 则《信心铭》原文出自《景德传灯录》卷三十。

中国把最高的真理，或至高无上的绝对的存在叫作“大道”或“至道”。僧璨认为，这个至道没什么难的，而让人厌恶的其实是这个、那个之类的选择。也就是说，不要让分别计较心发挥功用。因这个功用而生出憎爱之念，而心自身却阴沉下来。一旦心成为有心的心，原本洞然的、没有任何迷障的、极其明白的东西就看不到了。远离分别，莫拥抱憎爱，于是本来的明白性自然就显现出来。

2

毫厘有差，
天地悬隔。
欲得现前，
莫存顺逆。

但是上述的见解不能粗略地理解。对这个见解，即使有一毫米的偏差，在行为上也会表现出天地悬隔一般的差异，也会立刻堕入邪道吧。如果想观至道，想努力看清眼前的东西，那么就不要起分别心而留下顺逆、是非、善恶等的见。

3

违顺相争，
是为心病。
不识玄旨，
徒劳念静。

如果留有分别计较心的话，那么这个就会顺应自己，那个就会乖离。这就是心病。玄旨在脱离分别时才会知晓。人们如果不明白这一点，就会认为在静念之后就在道上，结果是徒劳无功。

4

圆同太虚，

无欠无余。

良由取舍，

所以不如。

完美的至道，犹如太虚之圆，是没有界限的圆。因此既没有欠缺之处，也没有多余之处。因为想在没有周边的圆中制造取舍的中心，所以不能体达①如如②真理。

5

莫逐有缘，

勿住空忍。

一种平怀，

泯然自尽。

无论是如还是无，抑或是至道，都是同一个意思。如果想要得到这些，就不要总是去追逐有缘——外境、内境的诸缘——的踪迹，也不要停留在对空的认识上。住于空时，那个空就成为与有相对的东西，即堕入二元的偏执。如果把心安住在超越了二的一——一种——之上，那么分别计较心就会消解殆尽，不留痕迹。

---

① 体达——通达事物之理而无壅塞。

② 如如——这里的意思是永恒，常在。

6

止动归止，

止更弥动。

唯滞两边，

宁知一种。

动与止是对立的两边，如果只停留于此，那么终究不能知晓一——一种。于是就只挤压两边中的一边，结果是即使想成为一种也不能够。越是这样做，就越会还原成原来的两边。即使欲止动归静，也不能分离动和静，所以在自认为已经止于静的刹那，静又开始动起来。

7

一种不通，

两处失功。

遣有没有，

从空背空。

动与静（止）、有与无（空），都是对立的，但是使对立成为可能的是绝对一——一种。所以必须通达一种。否则两者的对立也是不可能的。也就是说，有因无而为有，无因有而为无。只确立一边的话，确立本身也会消亡。

8

多言多虑，

转不相应。

绝言绝虑，

无处不通。

即使用分别计较心，没完没了地多言多虑，也不可能与绝对一相应。必须以绝言绝虑的方式突破分别计较心。这就是不立文字。只有这样，才能四通八达，无碍自在。

9

归根得旨，
随照失宗。
须臾返照，
胜却前空。

宗和旨构成词语“宗旨”。现在讲一讲根源性的东西。想要得到这根源性的东西，就必须回到二元世界的根本。不能围着外境，即能照所照的世界转来转去。照出现的时候，哪怕稍微发觉一点，也能超越（胜却）二元世界——因为在我们的面前展开，所以我们误以为是实有，但实际上是作为空的世界。

10

前空转变，
皆由妄见。
不用求真，
唯须息见。

认为前空（二元的、对象性的世界）有各种各样的转变的相，所以去看，这就是来自于分别计较心的妄见。不用特意去寻求真实的存在（所求之处没有真），只要停止来自分别心的妄见，真就会不求而自现。

11

二见不住，

慎莫追寻。

才有是非，

纷然失心。

不要停滞在二元的见地上。也不要用这样那样的分别心去追寻。只要稍微动一动是非有无的分别心，就会纠纷不断，不知所止，于是就会失却心。

12

二由一有，

一亦莫守。

一心不生，

万法无咎。

可以说这四句话是全篇的核心。“有无”这样的二，是因为原来的绝对一或者绝对无才有的，但不应把这个一当作一来固守。于是，一又成为二。甚至连一心都不该生起。如果没有一心，那么万法——个多的世界——就会保持原样，没有任何的过失。现实的世界也可以相应地得到肯定。

13

无咎无法，

不生不心。

能随境灭，

境逐能沉。

相应地肯定万法，就是万法来证我，就是无法，就是无心，就是不生。能与境具有相互性，所以任何一个消亡，另一个也会消亡。于是在两个都消亡的地方形成绝对无，此即万法无咎。

14

境由能境，
能由境能。
欲知两段，
原是一空。

能与境具有相互限定性。这两者的根底之处有一空。所谓“一空”，就是绝对无。在绝对无之上，能与境互相对立，互相限定，有万法无咎之理。

15

一空同两，
齐含万象。
不见精粗，
宁有偏党。

应该叫作绝对无的一空，不在能境世界之外。这个无原本就是这个世界。万象（或万法）都被含在其中。只要没有精粗之类的分别计较之心，就可以不守一，不偏二。

16

大道体宽，

无易无难。

小见狐疑，

转急转迟。

大道（至道、一空）绝对不受任何事物的限制，所以体宽，没有添加难易之类状况的余地。相反，受到二元限制的事物就很狭小。一狭小，就会以分别计较之心去疑神疑鬼。于是总是招致相反的结果，即所谓“欲速则不达”。

17

执之失度，

必入邪路。

放之自然，

体无去住。

分别心具有执着的特点。一执着就会偏离大道，走上邪路。无限定的东西没有可执着的借口，自然而然、不受拘束、无去无归。所以我们不能将必定带给二元性的束缚强加在绝对无的上面。

18

任性合道，

逍遥绝恼。

系念乖真，

昏沉不好。

到现在为止一直都在说禅的逻辑，下面应该说说禅的心理和伦理了。

让我们从“放之自然”开始说说禅者的境界。如果禅者已经有了绝对无的体悟，就会任性逍遥自在，没有必须与道相应之类的从压力之外施加的东西，所以没有任何烦恼。与之相反，因为有各种各样的牵挂，所以会背离真，陷入昏沉的境地，很没有趣味。

19

不好劳神，
何用疏亲。
欲取一乘[①]，
勿恶六尘。

分别心致使过分劳累，但是在本来没有亲疏的地方挑起亲疏的分别心从一开始就没有用处。要想得到绝对无的一乘，无须居于六尘之境，却要厌恶、回避六尘（“六尘”是指以眼、耳、鼻、舌、身、意六识为主体的染污，即一切烦恼是非）。

20

六尘不恶，
还同正觉。
智者无为，
愚人自缚。

如果可以原封不动地肯定六尘，即现实世界，就可被视为正觉。开了慧眼的智者没有特别的运为。只有愚人才无绳自缚，自找苦吃。

---

① 一乘——引导、教化一切众生成佛的唯一方法或途径。《法华经·方便品》：“十方佛土中，唯有一乘法，无二亦无三，除佛方便说。”一些佛教宗派另有解释。

21

法无异法，

妄自爱著。

将心用心，

岂非大错？

从法本身来看，既没有一，也没有二，只有法本身。愚人胡乱地分别、计较有无，并执着于此。因为自己的心而劳心费神，滑倒摔倒，难道不是大错特错吗？

22

迷生寂乱，

悟无好恶。

一切二边，

良由斟酌。

一旦迷茫在有无的分别中，本来一如[①]的寂就会被打乱。如果有一双开悟的眼睛，就不会被好恶二见困扰。一切事物之所以会生出二元的对立，就是因为分别、忆想、计较、斟酌。

23

梦幻空花，

何劳把捉。

得失是非，

① 一如——真如之理，永恒真理。《摩诃般若波罗蜜经·昙无竭品》："是诸法如，诸如来如，皆是一如，无二无别，菩萨以是如入诸法实相。"

一时放却。

千差万别的诸法便是梦幻空花，不是真实的存在。纠缠这些都是徒劳。最好暂时放下得失、是非、善恶、有无等一切的二元对立。

24

眼若不睡，

诸梦自除。

心若不异，

万法一如。

只要不睡，就不会做梦。同样的道理，只要心不按照自己的分别将自己一分为二，并错误地认为这就是真实存在，那么万法就是万法本身，就是一如。

25

一如体元，

兀尔忘缘。

万法齐观，

归复自然。

一如本身并非因幽玄而呈现言语分别之境。有时机缘巧合，偶尔超脱内外之缘境，于是此前一直因千差万别而烦恼的事物呈现出平等的景观，从而回归到本来的自然法尔[①]。一如的世界不外乎就是自然法尔的世界。

---

① 自然法尔——又作法然、法尔自然、本来法尔。自然，即事物之自然形成。法尔，即依循真理而同于真理。

26

泯其所以，

不可方比。

止动无动，

动止无止。

两既不成，

一何有尔？

一旦达到可以不问“为什么”的地步（即一旦忘掉这些），就会体验无与伦比的境界。在这种境界中，无论如何动都不是动，无论如何止也都不是止。止与动的对峙消失了。在动与止两者都不能成就的地方，甚至连一也没有必要另外确立。这样一来，也就不是木石非情的世界了。

27

究竟穷极，

不存轨则。

契心平等，

所作俱息。

狐疑净尽，

正信调直。

一切不留，

无可记忆。

虚明自照，

不劳心力。

非思量处，

识情难测。

一旦向穷极之处、向无法再向前进一步之处，再进一步，出自分别计较心的规则就一条也没有了。因为心与平等一如的世界冥契，所以一说到作为，就全然没有了狐疑。只有一条一直向前的正信之路，无碍的道路在那里展开，不留任何痕迹，因为那不是分别忆想的世界，而是虚、是明、是自照，绝对无的特性在此一览无余。因为没有计较，没有作为，所以不必劳心费力。因为这实际上是非思量之处，所以识心谓情不可测度。

28

真如法界，
无他无自。
要急相应，
唯言不二。
不二皆同，
无不包容。
十方智者，
皆入此宗。

真如即法界，法界即真如。但是将二词合一，在真如的法界那里没有自他的对立。所谓没有对立，并不是一切都被涂成一种颜色。而是不二，自即自，他即他。要注意“要急相应”的“急”字，它不是时间意义上的。将二而不二，不二而二，这样的事实经验最为直截了当地诠释出来的文字就是急。这里没有任何余地来插入“莫急”这样不着调的话语。在不说一而说不二的地方是有意味的。但是不二是消极性的思考，所以又说“同”，又说“无不包容”。我们明白作者是如何苦心孤诣地去表述的。这个“宗”的意思就是穷极的真理或真实的存在。有智慧的人肯定都已纳入其中了。

29

宗非促延，
一念万年。
无在不在，
十方目前。
极小同大，
忘绝境界。
极大同小，
不见边表。
有即是无，
无即是有。
若不如是，
必不须守。

宗——真实存在——已超越时间（“促延”）和空间（“在不在”），所以一念——一刹那——是百千亿劫。在此，十方无边的刹土[①]已展现在眼前。大小广狭是空间上的，所以在无边表的圆内（境界），一毛吞巨海[②]，芥子纳须弥[③]之类，就什么都不是。不仅在时间和空间上，甚至逻辑上的概念也出自分别计较心的用，所以在真实存在方面不是既有有，又有无。但是，如前所述，它不是泯绝二，而是“唯言不二”。如果不能这样理解“至道无难”的话，就“必不须守”吧。

---

① 刹土——田土，国土。

② 出自《祖堂集》卷五。“每日一毛吞巨海，海性无亏；纤芥投针锋，锋利不动。”

③ 出自《祖堂集》卷十五。“教中有言：须弥纳芥子，芥子纳须弥。须弥纳芥子，时人不疑，芥子纳须弥，莫成妄语不？”须弥，即古印度宇宙观中位于世界中心的须弥山，转喻极大。芥子，即芥菜子，比喻极小之物。禅宗以极大的须弥山能纳入芥子，极小的芥子也能容纳极大的须弥山，来表示超越大小、高低、迷悟等差别见解，达到大小无碍、圆通无碍、大彻大悟的境界。

30

一即一切，

一切即一。

但能如是，

何虑不毕？

以此见地来看，不得不成为一即一切，一切即一。若到了这个程度，就不必为任何忧虑而烦心了。

31

信心不二，

不二信心。

言语道断，

非去来今。

《信心铭》在此首次出现“信”字。但是信是什么？“信心”是信和心吗？信是心吗？在此我们来看信和心。我们把信确定为“一即一切，一切即一”的事实经验本身的当体。这个信就是心——超越分别计较心，并容纳它的心，这是这篇铭的作者的意见。信和心是不二，这不二的信和心不是用语言文字可以表述清楚的，它已超越了三世。

《信心铭》与达摩的《二种入》及《安心法门》相比，哲学性思考的痕迹更加明显。贯穿《信心铭》的思想可以说就是“二由一有，一亦莫守”。如果思考时有毫厘之误，就会天地悬隔，得出意想不到的结论。尽管明白“二由一有”，但说到“一亦莫守”，就变成所谓“虚无泯灭”的思想。或因为恶平等而无视善恶是非，变成破坏主义；或变成泛神论的神秘主义，认为事事物物之上都能看到神的光芒（无论是什么神）；或独善其身，自恃清高，隐栖高蹈于山林，不问人间之事。从某种角度来看，他们似乎都抓到了“至道无难”的一个方面，但是因为没有看到根本性的东西，所以为了一个方面的真理，反而灭却了全面的真理。可以说危险就在这里。如果禅仅仅是虚无主义、泛神论的神秘主义，而不是除此以外的任何东西，也就不必那么喧嚣地将“禅”挂在嘴边了。连那些稍微明白些的佛教人士对于禅都没有彻底的理解，真是情何以堪。《信心铭》确实写得好。虽然有些地方多次重复，但是如果能看到作者为使我们充分理解“一亦莫守”而苦口婆心的亲切，那真是太难能可贵了。在此我也东施效颦，将我关于“至道无难”的文字附记于此。这是我从前些年草草完成的《禅之路》（收在本选集第四卷[①]）中摘录的内容。且看赵州对“至道无难”的提倡。

赵州从谂[②]，晚唐人，公元897年示寂，终年120岁[③]。此时正是日本桓武天皇[④]至宇多天皇[⑤]末期，也是日本佛教中传教[⑥]、空海[⑦]等人杰辈出的时代。从谂因居住在河北赵州的观音院，所以以“赵州”之名闻世。80岁前，一直行脚云游，所以他是在修禅方面尽得精妙之人。据说他唇上放光，其表达多有奇妙之处。一言一句之中都蕴含着禅旨那不可捕捉的东西，犹如寸

---

① 《禅之路》——收在新版《铃木大拙禅选集》第四卷（全十一卷，并别卷一卷），（日本）春秋社。

② 赵州从谂——俗姓郝，曹州郝乡人。南泉普愿的弟子，六祖惠能之后的第四代传人。

③ 本书所指皆为虚岁。——编者注

④ 桓武天皇——日本第50代天皇，781—806年在位。794年将京城迁到平安京（今京都）。

⑤ 宇多天皇——日本第59代天皇，887—897年在位。

⑥ 传教——最澄，804年和空海一起赴唐，回国后开创天台宗，成为日本天台宗祖师。谥号传教大师。

⑦ 空海——804年和最澄一起赴唐，806年回国，在高野山开金刚峰寺，为日本真言宗祖师。谥号弘法大师。

铁刺人。《碧岩集（或录）》[①] 一书有四则，似是赵州对中国禅宗三祖所作的《信心铭》而做的注脚。将这些比照着看就会发现，有的地方在禅理方面对我们有很大的启发。

三祖僧璨所著的《信心铭》由四言一百四十六句韵文构成。开首是：

“至道无难，唯嫌拣择。但莫憎爱，洞然明白。”

这四句的意思是：至道没有什么难的。只是将不喜欢的挑拣出来，加以好坏的分别，即考虑，这样可不行。如果毫无理由地，也不说那个很难、这个可爱什么的，即不做挑选，如果不被分别的知性捕捉，就会洞然明白。陡然一变，从差别相中解脱出来。这就是至道、无难，也没有任何麻烦、障碍、执着。超越了分别的矛盾性。

这样解释似乎没有什么。从僧璨所达到的境界来看，也是这样。问题在那些只是仰望着那个境界却无论如何都不知怎样下手的人们身上。捡择是知性的分别，憎爱是情感性的分别。虽然在为这些分别而苦恼，但是却找不到超越分别的途径，这才是烦恼的本质。想要洞然明白，却不能脱离捡择与憎爱。为什么不能呢？放弃分别，进入无分别；放下爱憎，变得冷漠。这样，人还能站立行走吗？这里就有问题，有烦恼。捡择与憎爱都是分别意识上的矛盾，但是放弃这种意识，将会怎样呢？可以借助对立的矛盾吗？其媒介究竟又在何处呢？若在逻辑上能处理好，那么实际的烦恼又如何能消解呢？在逻辑上可以得到解决，但是账目清楚、钱却不够，这种现实的困惑又当如何呢？

赵州一有机会就倡导这四句。有一次，一个僧人问赵州：

---

① 《碧岩集》——又名《碧岩录》，全称《佛果圆悟禅师碧岩录》，共十卷，是宋代圆悟克勤禅师为解答弟子们的请益，而对其前辈雪窦重显禅师《颂古百则》的评唱，后由其弟子汇编而成。因圆悟禅师当时住持湖南澧州夹山灵泉禅院，其丈室建于碧岩之上，书名由此而得。

“我听说了至道无难，惟嫌拣择，可是如何是不拣择呢？”①

这是非常自然的提问。对于冲破矛盾关卡的人来说，在三祖，或赵州、雪窦②唱出“至道无难”的一刹那，就彻悟了它的旨趣。再加上“惟嫌拣择”，反而是画蛇添足。但是，那些现在仍站在分别的十字路口的人却还不能把握“不拣择”的方向。他们一味地试图到词句中去摸索，试图顺着理路去尝试计较。这在一开始本是很无奈的。于是赵州大喊，声音仿佛响彻天地：

“天上天下，唯我独尊。”

相传这句话是释迦刚一出生，就周行七步之后唱出的。③从表面来看，这句话的意思是“天上地下，只我一人”，因此也可以认为他豪迈地显示出绝顶的自尊和自我的肯定。法国哲学家笛卡儿有句名言：“我思故我在。(Cogito ergo sum.)”然而从释迦的角度（即禅）来看，从一开始就是“我在”，之后才是“我思”。这实际上是绝对肯定，是绝对矛盾的自我同一性，是不拣择，即无分别。因为“唯我独尊”，所以“至道无难”。亲鸾④圣人说：“念佛者，无碍之一道也。”⑤“无碍之一道”就是“无

---

① 出自《碧岩录》卷六第五十七则。“僧问赵州：‘至道无难，唯嫌拣择。如何是不拣择？’州云：‘天上天下，唯我独尊。’僧云：‘此犹是拣择。’州云：‘田厍奴，什么处是拣择？’僧无语。”类似文字亦载于《五灯会元》卷四。

② 雪窦——雪窦重显，字隐之，俗姓李，遂川人。宋代云门宗僧人。现存《明觉禅师语录》，共六卷。作《颂古百则》，后由圆悟克勤加垂示、评唱等，编成《碧岩录》。

③ 出自《五灯会元》卷一《释迦牟尼佛》。“世尊才生下，乃一手指天，一手指地，周行七步，目顾四方曰：‘天上天下，唯吾独尊。’”

④ 亲鸾——日本镰仓初期僧人，净土真宗祖师。初在比睿山学天台宗，29岁时师事法然，皈依他力教。1207年因师之法难而连坐，流放越后（新潟县）。主张绝对他力，恶人正机。肯定肉食娶妻的在家主义，且自己亦娶妻生子。谥号见真大师。著作有《教行信证》《和赞》等。唯圆将其语录编成《叹异抄》。

⑤ 出自《叹异抄》。

难之至道”。行在这一道——至道上的人必须是特立独行于天上天下的人。宗教的终极体验都表现于此，而宗教信念的千言万语也都出自于此。结果只要看着所表达出来的千言万语，就不能获得最后的信念，即宗教的绝对经验。言语就是分别本身。如果只追逐分别，就无法超越分别。分别总是让人站在被关上的无门的门外。哲学家把这叫作“困境”，然后在处理它时，首先把它放在“括号里”。虽然我们不能忽视分别言语的指示，但是禅却讨厌对它的依赖。所以“不拣择”面对着分别，不作这样那样的记述，不议论、不批判，而是直接显露此间的消息，直呼“天上天下，唯我独尊”，不给别人留下置喙的余地。禅人夹批：“衲僧鼻孔一时穿却。”① 这正是赵州的片片赤心。

但是，这又是非常不协调的地方。一般情况下，人们是很难踏破分别的歧路的。但又特别想一步一步地走下去。于是僧人说道：

“此犹是拣择。”

站在僧人的角度，他不可能不这样说。“天上天下，唯我独尊”，赵州的立场是绝对肯定。但是对于不能采取这种立场的人来说，只能理解为是分别的、拣择的。这也是不得已的。良马惊于鞭影，而驽马不管怎么鞭打，都是一个草包。面对愁人说愁，只会愁上加愁，可是面对不懂愁苦的人，无论怎么说愁，他都不会懂。这就是无缘的众生。“这还是拣择”——这被认为是想通过观察来检验赵州。即使想更深地观察赵州的手头，也不可能举起手来思考。所以圆悟② 说：“拶着这老汉。”③ 还说：“不顾危亡，敢捋虎

---

① 《碧岩录》卷六第五十七则，赵州说“天上天下，唯我独尊”，圆悟禅师夹批：“平地上起骨堆，衲僧鼻孔一时穿却。金刚铸铁券。”

② 圆悟——圆悟克勤，北宋临济宗杨岐派僧人。

③ 在“此犹是拣择”后，圆悟评论道：“果然随他转了也。拶着这老汉。”（《碧岩录》卷六第五十七则）拶（音 zā），逼迫。

须。”[①] 这是禅家的常用套路，对禅师与僧人的问答，就像对两个人物的唇枪舌剑加以批判和评骘那样。一副在敌人面前执矛以对的情景。但是，若从其平生道去，此僧分明还在追逐分别上的道理，对赵州的肯定回答似有某种对立似的加以反问。有一个“州云无”[②] 的公案说，这个“无”是绝对无，是超越有无对立的，但是一开始参究的人是站在分别街头的有知性的人，他怎么也搞不懂。于是，这个无总是变成有无的无，或被解释为顽冥无记[③] 状。就“唯我独尊”而言，也会做如是解吧，而不分晓汉却只能这样理解。也就是说，肯定会像这个僧人那样说：“此犹是拣择。”但是这“果然随他转了也”。

赵州是禅匠，不是学者。他不会絮絮叨叨说个没完，也不会拐弯抹角在分别上绕圈子。否则就如同和僧人一起闯入迷宫，自己出不来，也让别人出不来。所以他总是单刀直入。

“田厍奴，什么处是拣择？”

“天上天下，唯我独尊”忽而化作“田厍（音 shè）奴”。不是鱼化作龙，而是龙化作鱼。不是渐强，而是渐弱。“田厍奴”就是乡巴佬，也是无智文盲的不分晓汉。立马吴山第一峰的人现在成了钻胯的韩信。这没有什么不对的，但若一味地追逐分别的身影，就没有机会奏响回乡的凯歌了。

“这就是拣择。”“在哪拣择？你这个不分晓汉！”在争吵时，好像不知

---

① 出自《碧岩录》卷六第五十七则。“这个些子关捩子，须是转得始解。捋虎须也须是本分手段始得。这僧也不顾危亡，敢捋虎须便道：‘此犹是拣择。’”

② 出自《五灯会元》卷四《赵州从谂禅师》。“问：‘狗子还有佛性也无？’师曰：‘无。’曰：‘上至诸佛，下至蝼蚁，皆有佛性，狗子为甚么却无？’师曰：‘为伊有业识在。’”师，即赵州。

《大慧普觉禅师语录》卷二十六《答富枢密（季申）》也有相关记载。“僧问赵州：‘狗子还有佛性也无？’州云：‘无。’”

③ 无记——三性之一，即事物，既不善，也不恶，呈中性的性质。

道“至道无难”的当体在哪里。似乎更应该按照是非的道理来讲话。但这里是禅之为禅之处，且总是赤身相搏。一丝不挂，不用各种工具，拼死相抵，你死我活。禅不可思议地发展到肉搏的地步。特别如赵州，将这种绝技用语言文字巧妙地表现出来。在赵州的逼问下，僧人沉默了。

圆悟在《碧岩录》中对这些问答做了如下评唱。评唱是禅者特有的批判方法。

“这僧也不顾危亡，敢捋虎须便道：‘此犹是拣择。’赵州劈口便塞道：‘田厍奴，什么处是拣择？’若问著别底（如果问到赵州之外的人的话），（那么那个人）便见脚忙手乱。争奈这老汉（即赵州）是作家（禅匠），向动不得处动，向转不得处转。尔若透得一切恶毒言句，乃至千差万状、世间戏论，皆是醍醐上味。若到著实处，方见赵州赤心片片（可知赵州是多么热情了吧）。[④]”

我想到此为止，你们大概已经理解了“至道无难”。而且对于怎样看待这样的思想，也能窥其一面了。对于雪窦的颂，我要多言两句。“颂”也应看作一种诗性的鉴赏或评价。直到宋代，一直都很兴盛。知性的、分析性的、逻辑性的批判原本不是禅的长项，所以从中国式的心理发展趋势来看，颂作为在禅思想史中具有某种转机的东西，自然就跨进了文学领域。雪窦是一个被认为颇有翰林之才的人，果然他在这方面迈出了显著的一步。对于赵州的“至道无难”，有颂如下：

“似海之深，如山之固。蚊虻弄空里猛风，蝼蚁撼于铁柱。[⑤]拣兮择兮，

④ 出自《碧岩录》卷六第五十七则。

⑤ 蚊虻弄空里猛风，蝼蚁撼于铁柱——蚊虻在猛烈的风中舞弄，蝼蚁要撼动铁柱。蚊虻、蝼蚁，比喻功力弱小的人（某僧）。猛风、铁柱，比喻功力深厚的人（如赵州）。

当轩布鼓。”[①]

汉文极其简洁，也有非常有趣的地方，但从语法上看，也有甚不尽意之处。所以一般只从客观的角度确定应有之义，但有时也会靠阅读者的主观性来定。像这篇颂，起首两句也可以说不明白它说了什么，但圆悟用它注释了“至道无难，唯嫌拣择”。于是“无难的、不喜欢拣择的至道”的本体，其深似海不见底，其固如银山铁壁之难破。假如至道是超越对立之物，即假如至道是拣择的利刃扎不进去的东西，那么自然就不是分别的度量所能及的，其他任何人也不能插手。如果诗意地品鹭它，无论是比喻为海之深，还是比喻为金刚之固，其实它本就该如此吧。但是，这不过就是一个比喻，所以不能以此来推知本体。首先要了解本体，之后如果见到比喻，就会知道在说什么了。若似盲人摸象，就什么都无从谈起了。

其后的第三、第四句，是评论那个向赵州发问的僧人的态度的。意思是，就僧人的本事而论，他无论如何都不是能与赵州这样的大禅师对阵的对手。可以说禅者总是站在剑客的立场上。如果说学问的话，他们互相创造分别知，努力去显现真理。但是在禅者的辩论中，因为人格的深浅、经验的足与不足等都成了问题，所以看上去好像在吵架或比赛。所以现在这样的表述好像是贬损说其甚不自量。

最后两句，我想把它看作雪窦道出了自家对“至道无难，唯嫌拣择”的见识。“拣兮择兮，当轩布鼓”，当轩和布鼓，多少有些不明白。“当轩”是明白的意思，也可理解为“当于轩”。布鼓，是指蒙布而成的大鼓，因为敲不响，所以比喻为无用之长物。如果理解为把“当轩”垂挂在门口，那么这布鼓因为有人来访，却不能敲响，所以门里就不会有人出来应答。为什么垂挂着呢？全然不知。那么还是摘下来吧。因为挂着，所以不好处置。

---

① 出自《碧岩录》卷六第五十七则。

是拣是择，是黑是白，是善恶还是憎爱，此外还要做千万无量的分别，但毕竟不是当轩的布鼓。并非分别本身就是布鼓，无难的至道本身才是布鼓。是分别敲击布鼓，所以分别也是布鼓。如果除去布鼓，那么就会出现某种不足，还是有为好。不，它从一开始就在那里，毫无办法。只是因为总想让它胡乱地发挥作用，所以才不断地出现麻烦。这倒也不坏。如果一开始就体会到"当轩布鼓"[①]，那么也就越来越多地去分辨、分别了吧。哲学家、道德家、政治家都想找到胡乱地发挥作用的东西，找到之后就把所有的宝都押到上面，使其体系化、规范化、机械化。无论如何也不能像布鼓那样挂得住。因为是合目的的，所以终究不能变成拆解不开的布鼓。所以圆悟注曰："欲得亲切，莫将问来问。是故当轩布鼓。"[②]因为想以问答和讨论的形式定型，所以禅者有时会拿出这种不足道的布鼓。这就是"塞却尔咽喉"[③]。

雪窦还在《碧岩录》中别的地方也颂"至道无难"，顺便在此引用一下，作为配合着二与一的关系，了解禅对于这种问题特有的处置方式的线索（同样引自《禅之路》）。

雪窦的颂比一般的长：

"至道无难，言端语端。一有多种，二无两般。天际日上月下，槛前山深水寒。髑髅识尽喜何立？枯木龙吟销未干。[④]难难！拣择明白君自看。"[⑤]

---

① 当轩布鼓——尚之煜的解释是："面对空旷处击鼓。意为当即惊破对方的拣择。"（《碧岩录》卷六第五十七则）

② 出自《碧岩录》卷六第五十七则。

③ 塞却尔咽喉——堵住你的咽喉，比喻截断拣择妄虑，这是圆悟对"当轩布鼓"的夹注。语出《碧岩录》卷六第五十七则。"已在言前一坑埋却，如麻似粟打云：塞却尔咽喉！"

④ 髑髅识尽喜何立？枯木龙吟销未干——像骷髅一样没有意识，就没有喜情在；如枯木里有龙吟之声，就不能说是空彻。两者相辅相成，引导学人体悟真空妙有的心性境界。销未干，销蚀未尽。

⑤ 出自《碧岩录》卷一第二则。

因为这“至道无难”首次出现在《碧岩录》的第二则，所以雪窦也很卖力吧。同样一则在后面又出现三次之多。那两则已经说了，都是以“至道无难”为主体的颂。虽然颂了赵州的态度和手段，但另一方面也不能忘记看看“至道”本身。前文的颂就有这样的意义。

劈头就说“至道无难”。其实这就够了。绝对的一句。圆悟的夹批为“满口含霜”[①]，意思是什么都无法说。但是这还不算完。既然是反省分别的人，就必须得说点什么。无分别之分别，在某种意义上也是分别。至道也必须出现在分别界，否则就不是至道。在所出之处有至道。“言端语端”一出，千言万语、粗言绮语没有不沿着至道的路线而动的。拣择亦可，憎恶亦可。无为行不通，无记也行不通。明白里打坐，[②]不能只看浮云往来。如前文所述，这是一个大大的窠窟[③]，落到这里便万劫不复。而且因“至道无难”而心灵手巧。

那么应以至道为“一者”吧。笼罩其中的是堕在明白里的东西，即拣择。“一者”变成复数，展开而成二三四五六。这也没有错，实际上也不得不如此。但即使错了，也不会将“一者”埋没在红尘堆里。分别多样的世界本就如此，“一者”不想失去其当初的绝对性、同一性。这就是“二无两般”。如果说二是对立相杀的世界，是起山河大地之所，而且那里没有两般的话，那么多即一也。“一有多种”就是一即多。我想提醒大家，雪窦用词充满新鲜感。从一即多的方面来看，“山是山，水是水，长是长，短是短，天是天，地是地”[④]。若从多即一的方面来看，则“有时唤天作地，有时唤

① 满口含霜——口已被封冻住，不能再说话。

② 出自《碧岩录》卷一第二则圆悟评唱。“州云：‘是拣择是明白？’如今参禅问道，不在拣择中，便坐在明白里。”

③ 出自《碧岩录》卷六第五十八则。“僧问赵州：‘至道无难，唯嫌拣择。是时人窠窟否？’州云：‘曾有人问我，直得五年分疏不下。’”时人窠窟，现时人的窠窟，比喻陷落在停滞不前的窠臼。

④ 出自《碧岩录》卷一第二则。

地作天，有时唤山不是山，唤水不是水”[①]。圆悟说，那么“毕竟怎生得平稳去？风来树动，浪起船高，春生夏长，秋收冬藏。一种平怀，泯然自尽”[②]。这是中国式的表达。否定啦、肯定啦，否定即肯定，肯定即否定啦，矛盾的自我同一性啦，分别之无分别，无分别之分别啦，若是非要说一说的话，那么事物似乎就变得复杂了，反而失去了归趋。若说毕竟如何的话，就是花开花落，除此以外什么都没有。这便是“我亦不知”[③]。问归问，怎么问都行，那是人类所课之责。这就够了。“行礼，再见。”[④]

不管怎样，再多说就是头上安头[⑤]了。但是即便如此，雪窦犹觉不足。他又添了两句：“天际日上月下，槛前山深水寒。”这是诗意的表达。于是无论如何都无不端了。“头头是道，物物全真”，进入心境俱忘、打成一片的境界[⑥]。禅为写出这里的消息使用了丰富的词汇，这是稍懂文字之人都知道的吧。

我们一看到“无难的至道”，或许会觉得至道没有任何的人格，只不过是抽象的原理之类的东西。也就是说，泛神论之类都是从看不到生而劳作之人的地方产生的哲学式的空想。佛教以及禅如果到了这种地步，所谓“东方的”东西就什么都没了。至道不是原理，是人格。虽然是人格，但不可忘记，它不是那种一般性地靠分别意识就能思考的人格。所以雪窦又进

---

① 出自《碧岩录》卷一第二则。

② 出自《碧岩录》卷一第二则。

③ 出自《碧岩录》卷一第二则圆悟评唱。“这僧出来，也不妨奇特，捉赵州空处，便去拶他：‘既不在明白里，护惜个什么？’赵州更不行棒行喝，只道：‘我亦不知。’若不是这老汉，被他拶着往往忘前失后。赖是这老汉，有转身自在处，所以如此答他。”

④ 出自《碧岩录》卷一第二则圆悟评唱。“这僧有奇特处，方始会问：‘和尚既不知，为什么却道“不在明白里”？’更好一拶。若是别人，往往分疏不下。赵州是作家，只向他道：‘问事即得，礼拜了退。’”

⑤ 头上安头——比喻多余或重复。《景德传灯录》卷十九《韶州云门山文偃禅师》：“说你道有什么事，犹是头上著头，雪上加霜。”

⑥ 出自《碧岩录》卷一第二则圆悟评唱。“虽无许多事，天际日上时月便下，槛前山深时水便寒。到这里，言也端，语也端，头头是道，物物全真，岂不是心境俱忘，打成一片处？”

一步颂“无难的至道”如下：

水洒不着，
风吹不入。
虎步龙行，
鬼号神泣。[①]
头长三尺知是谁？
相对无言独足立。[②]

① 这四句描绘赵州从容洒脱、境界高迈的形象。圆悟评唱：“此四句颂赵州答话大似龙驰虎骤，这僧只得一场懡㦬。非但这僧，直得鬼也号神也泣，风行草偃相似。”（《碧岩录》卷六第五十九则）懡㦬（音 mǒ luǒ）：羞愧状。

② 出自《碧岩录》卷六第五十九则。

顿悟无生般若颂

无念是实相，是真空，是般若，其中有知见； 知见是知见实相的无生，所以照真、达俗。真与俗，理与事，都是在真空之中才能具有其如如性。

菏泽神会[①]有部著作名为《显宗记》[②]，原名《顿悟无生[③]般若颂》。神会是六祖惠能的弟子之一，即所谓菏泽宗之祖。其特色之处在于强调知。这个知本不是分别心的知，而是更高层次的用，是无分别之分别，是惠能所说的“定慧不二”的知，是见性的见。神会继承了这个宗旨。《显宗记》所说的“真如无念而能知”“般若无见而能见”“知即知心之空寂”“知空寂而了法身”等都是在达摩、僧璨处所未见者。下文注解相当于敦煌本的《显宗记》。

① 菏泽神会——俗姓万，一说高，菏泽宗祖师。六祖惠能晚期弟子，为争得南宗正统地位锲而不舍，被尊为禅宗七祖。各种传记抵牾颇多，可参看杜继文、魏道儒《中国禅宗通史》（江苏古籍出版社，1993年第1版）等。

② 《显宗记》，菏泽神会著，一卷，收录在《景德传灯录》卷三十。

③ 无生——无生灭变化。

神会，唐朝人，上元[①]元年圆寂，时年75岁。他的主张在禅思想史上本应颇受关注，但始终被闲却。《显宗记》收在《景德传灯录》中，但与敦煌出土本多少有些出入。敦煌本的后半部分收在胡适校勘的《神会和尚遗集》中。前半部分是我前几年从伦敦大英博物馆的东方学研究室抄录来的。与胡适本合在一起，就是现在的流行版本。敦煌本题为《顿悟无生般若颂》，大概是原名吧。敦煌本是唐代写本，将它与当今的流行版本、宋代的传本比较研究，会有一些有趣的发现。今日无暇述及。在此抄录敦煌本《顿悟无生般若颂》，望有心的读者可一并读现行本，比较一下异同。

1

无念是实相，知见是无生般若。般若照真达俗，真空理事皆如。此为宗本也。[②]

无念是实相，是真空，是般若，所以那里有知见。知见是知见实相的无生，所以照真、达俗。真与俗，理与事，都是在真空之中才能具有其如如[③]性。这就是禅之宗。

2

夫真如无念，非念相（想）能之。实相无念，岂生心能见？无念念者，则念总持，无生生者，则生实相。[④]

---

① 上元——唐肃宗年号。上元元年，即760年。

② 《景德传灯录》卷三十《显宗记》开首。“无念为宗，无作为本。真空为体，妙有为用。”

③ 如如——本来的面貌、状态，是佛教的最高真理，也叫真如，是名、相、妄想、正智、如如五法之一。名，名言概念。相，表象。妄想，一切世俗认识活动。正智，属出世间的智慧。

④ 《景德传灯录》卷三十《显宗记》。“夫真如无念，非想念而能知；实相无生，岂色心而能见？无念念者，即念真如；无生生者，即生实相。”

真如是无念，所以不能靠念想即分别心来了解它。实相是无念，所以不能靠引起分别来看它。无念的念就是分别（总持）无分别，无生的生就是实相本身。实相不是静态的东西，必须在既无生又活生生之处抓住它。

3

无住而住，常住涅槃。无行而行，能超彼岸。如如不动，动用无穷。念念无求，求常无念，菩提无得。[①]

因为无住而住，所以总是处在涅槃之中。因为无行而行，所以能超越此岸，到达彼岸。若是如如不动，也许被认为是处在凝结状态，但是从中产生了无穷的动用。所以要念念相续，而无处希求。那么若问和非情的木石相同吗？不。要常常希求。我常常为烦恼的众生孜孜希求以至于生病。弥陀的本愿由此而生。无求之求、无行之行、无念之念、无分别之分别——这些就叫菩提，但这是无得之得。

4

得佛法身。般若无知，知一切法。[②]

佛是法身。突然出现在这里的这句话其实可以不用说。法身将般若人格化。般若是法身的逻辑性。般若以无知为本体，所以能知一切法。在分别心的知之中不免限定。

① 《景德传灯录》卷三十《显宗记》。“无住而住，常住涅槃。无行而行，即超彼岸。如如不动，动用无穷。念念无求，求本无念。菩提无得，净五眼而了三身。”

② 《景德传灯录》卷三十《显宗记》。“般若无知，运六通而弘四智。”

5

即定是慧，即慧无生，无生实相，真空无行。[①]

即定是慧，即慧是定，这是惠能、神会等人的主张。慧因超分别而无知，所以也无生。在其无生之处见实相。实相是真空，那里没有行动性质的作为性。用无知、无生、无行三句总结禅的逻辑，是形而上的哲学和伦理。

6

能周法界，六度自兹圆满，道品于是无亏。[②]

“周法界”的意思就是法界，即绝对无。六度万行从这个无产生。出自分别计较心的行为无论多么善，都不能说是圆满无亏，因为不能越过限定性。

7

我法二空，有法泯绝，不到不至，不去不来。[③]

我法也叫人法。主与客、能与境——二元对立。有无也是如此。从绝对无的立场来看，用分别心编织的世界作为这样一个世界不是真实的存在。

---

① 《景德传灯录》卷三十《显宗记》。“是知即定无定，即慧无慧，即行无行。”

② 《景德传灯录》卷三十《显宗记》。“性等虚空，体同法界。六度自兹圆满，道品于是无亏。”

③ 《景德传灯录》卷三十《显宗记》。“是知我法体空，有无双泯。心本无作，道常无念。无念无思，无求无得。不彼不此，不去不来。”

8

体悟三明[①]，心通八解[②]，功成十力[③]，富有七珍[④]。入不二门，获一乘理。[⑤]

一明确绝对无的立场，分别知的用就发挥了它的能力。然后在行为方面，也就能得到自由的分。从宗教的或哲学的角度来看，就是入了不二法门，获得一乘的玄理。

9

湛然常寂，应用无方。用而无功，空而常鉴。鉴用（用字恐衍）而不有，即是真空。[⑥]

绝对无总是包含着互不相容的矛盾，所以这篇颂为了阐明这个意思，罗列了对立矛盾的文字，试图阐释肯定即否定、否定即肯定的道理。寂然不动，且应用自在，所以其用没有任何功用。知从空中出，胡来胡现，汉来汉现，但它不是有。这是真空。虽是空，却不是无，这是妙有。真空妙有等于绝对无。

---

① 三明——宿命明、天眼明、漏尽明。宿命明是指明白一切过去世的事情；天眼明是指明白一切未来世的事情；漏尽明是指明白现在世的事情，有断一切烦恼的智慧。在阿罗汉叫“三明”，在佛叫“三达”。

② 八解——八解脱，又名“八背舍”“八除处”，指用八种定力来除却对色与无色的贪欲。

③ 十力——指佛所具有的十种智力。

④ 七珍——七种珍宝。各种说法不一，一说指金、银、琉璃、砗磲、玛瑙、珍珠、玫瑰；一说指宫室、卧具、靴履、宝剑、衣服、蛇皮褥、林苑。

⑤《景德传灯录》卷三十《显宗记》。“体悟三明，心通八解，功成十力，富有七珍。入不二门，获一乘理。妙中之妙，即妙法身。天中之天，乃金刚慧。”

⑥《景德传灯录》卷三十《显宗记》。“湛然常寂，应用无方。用而常空，空而常用。用而不有，即是真空。空而不无，便成妙有。”

10

妙有则摩诃般若，真空即清净涅槃。[①]

妙有叫作摩诃般若，真空叫作清净涅槃。这是将同一个东西分开来讲，如果将般若看作涅槃之用的话，涅槃就是般若之体。（原文“则”前脱“妙有”二字。）

11

般若通秘微之光，实相达真如之境。般若无照，能照涅槃。涅槃无生，能生般若。涅槃般若，我（恐当作名）异体同。随义立名，法无定相。[②]

通过般若而透彻秘微之光，如果看见实相，就到达真如之境。般若是无分别、无知，所以是无照。但是，因为其无照，所以能照出涅槃。涅槃因为无生，而能生般若。涅槃和般若，在名字上是分开的，但其主体是同一物。法——真实——本身没有被限定的相，但从其用的方面来看，有各种不同的名字。

12

涅槃能见般若，具佛法僧。般若圆照涅槃，故号如来知见。[③]

涅槃也能见般若，可以说其中具备了佛法僧三宝。然后从般若的方面来看，可以说圆照涅槃。毕竟能见、能照都不过是一个用。从这个角度来

① 《景德传灯录》卷三十《显宗记》。“妙有即摩诃般若，真空即清净涅槃。”

② 《景德传灯录》卷三十《显宗记》。“般若是涅槃之因，涅槃是般若之果。般若无见，能见涅槃。涅槃无生，能生般若。涅槃般若，名异体同。随义立名，故云法无定相。”

③ 《景德传灯录》卷三十《显宗记》。“涅槃能生般若，即名真佛法身。般若能建涅槃，故号如来知见。”

看，就叫作如来知见。知就是见，见就是知。

13

知即知常空寂，见即直见无生。知见分明，不一不异。①

若问知知道什么？那就是知道常常空寂。若问见见到什么？那就是直接看到无生本身。知和见都很分明了的话，知和见就因不一而不异。

14

动寂俱妙，理事皆如。理静处事能通，达事理通无碍。②

动的东西和寂的东西——分别而且知见的东西和被分别被知见的东西——相互否定、相互肯定的时候，就会发生妙用。于是理和事如如各守其分，而且会融通无碍。即理之如从其净处通过，到达事的多样性之中。事与理如此相通，发挥无碍之妙。理是一，事是多。

15

六根③**无染，定慧之功。想念不生，真如性净。觉灭心空，一念相应，顿超凡尘。**④

---

① 《景德传灯录》卷三十《显宗记》。“知即知心空寂，见即见性无生。知见分明，不一不异。”

② 《景德传灯录》卷三十《显宗记》。“故能动寂常妙，理事皆如。如即处处能通，达即理事无碍。”

③ 六根——眼（视觉）、耳（听觉）、鼻（嗅觉）、舌（味觉）、身（触觉）、意（思维）六种意识器官（感觉）。根，能生、生长之意。

④ 《景德传灯录》卷三十《显宗记》。“六根不染，即定慧之功。六识不生，即如如之力。心如境谢，境灭心空。心境双亡，体用不异。真如性净，慧鉴无穷。如水分千月，能见闻觉知。见闻觉知，而常空寂。空即无相，寂即无生。不被善恶所拘，不被静乱所摄。不厌生死，不乐涅槃。”

得到六根无染，那是定慧之功。虽然有想念分别心的生起，但只要真如性净之理不被遮蔽，就是分别之无分别。见闻觉知的分别境一灭，就是心空。在其心空之处有叫作一念相应的经验。这时忽然从凡圣的境域超脱。

16

无不能无，有不能有。行住坐卧，心不动摇。一切时中，空无所得。①

这是可以叫作无分别之分别的境界，所以不能用有无之类的分别观来加以评价。虽然是有，但不能当作有；虽然是无，也不能当作无。在行住坐卧、一切时中，心不会因分别计较而动摇。所谓“空而无所得”，指的就是这个。

17

三世诸佛，教指如如。菩萨大悲，转相传受。至于达摩，届此为初。递代相传，于今不绝。②

三世诸佛的教旨都是以这个如如为中心的。所以菩萨们因为这个大悲愿而转相传受这个教旨，终于到了达摩这里。达摩来到这块土地（即中国）上，成为初祖。然后代代相传，到了今日。如如的教旨就这样绵延不绝。

---

①《景德传灯录》卷三十《显宗记》。“无不能无，有不能有。行住坐卧，心不动摇。一切时中，获无所得。”

②《景德传灯录》卷三十《显宗记》。“三世诸佛，教旨如斯。即菩萨慈悲，递相传受。自世尊灭后，西天二十八祖共传无住之心，同说如来知见。至于达摩，届此为初。递代相承，于今不绝。”

18

所传秘教，意在得人。如王系（疑当作髻）珠，终不妄与。[①]

佛佛祖祖、所传秘教，总而言之，就是想得其人，就像梵天王发髻上的珍珠，不能胡乱给人，一定要有相应的资格。那是什么呢？

19

福德智慧，二种庄严。解行相应，方能建立。[②]

福德、智慧，这两种庄严必须具备。即通过解和行相应，才能建立佛祖所传的教旨。

20

衣为法信，法是衣宗。衣法相传，更无别付。非衣不弘于法，非法不受于衣。衣是法信之衣，法是无生之法。[③]

传衣是传法的标志。衣的意思就是法。除了传衣和法，不可能再附加任何东西。因为有衣这个信物，其人便在场，因而法得以传播。在无法之处便不能有衣。衣只能是表示法之所在的信号。而且这个法是无生之法，即是如如，是不装进有无生灭的分别心的东西。无念的当体、知见的用处、定慧不二之处、般若即是涅槃、涅槃即是般若之端等，这是无生之法。

---

① 《景德传灯录》卷三十《显宗记》。"所传秘教，要藉得人。如王髻珠，终不妄与。"

② 《景德传灯录》卷三十《显宗记》。"福德智慧，二种庄严。行解相应，方能建立。"

③ 《景德传灯录》卷三十《显宗记》。"衣为法信，法是衣宗。唯指衣法相传，更无别法。内传心印，印契本心。外传袈裟，将表宗旨。非衣不传于法，非法不受于衣。衣是法信之衣，法是无生之法。"

21

无生即无虚妄法，是空寂之身。知空寂而了法身，而真解脱。[①]

无生是真实存在本身，所以不是虚妄之法，即它是空寂之身——无分别的心（身或应为心）。空寂不是但空，不是从分别心上说起的空寂湛然。必须深刻理解这个道理。绝对无不能冲进分别计较的领地。从人格或行为的角度来看，它叫法身。这是因为从此用无穷无尽地出现。了法身时，就有真解脱。

以上，我们通过达摩的《二种入》及《安心法门》，僧璨的《信心铭》以及神会的《顿悟无生般若颂》，阐明了禅思想的一个侧面。相信读者已经对禅之为何物获得了一些概念。因为不是为了建立体系所作的表述，所以多少有些繁杂重复，但是我想对于达摩的“心”“壁观”“性净之理”“用而常空，空而常用”，以及其他的思想在历史上是如何发展的，三祖如何完成了《信心铭》，到了惠能、神会，又如何形成定慧的一，般若涅槃的同体异名等，已经能够看明白了吧。那么这些思想在禅史上是如何被运用的呢？我不打算在本书中再作过多的阐述。

但是快到晚唐时，在禅思想发展历程中有一股不能不提及的潮流。8世纪是禅在中国的兴盛期，那之后的禅可以说只不过是其发育、成长的延续而已。神会等的般若、无生的思想可以说是般若哲学的直系思想，即非逻辑构成它的中枢。这个即非逻辑在整个禅思想史中是极为重要的，这一点毋庸置疑。禅实际上就是将它翻译成行动。我打算在第二编讨论这个问题。有人将即非逻辑称为“回互[②]逻辑”，并以此来论述禅的思想。这个

---

① 《景德传灯录》卷三十《显宗记》。“无生即无虚妄，乃是空寂之心。知空寂而了法身，了法身而真解脱。”

② 回互——指事物之间互不相犯而又相互涉入的关系。

人就是青原行思[①]的弟子，叫石头希迁[②]，唐贞元六年示寂，享年91岁。他比神会晚一代。石头著有《参同契》，是由五言二百一十字构成的韵文。其中的思想后来发展成为《宝镜三昧》[③]《五位颂》[④]，成为曹洞宗思想的中轴。《参同契》使用的是神会等人没有见过的表现形式。《传灯录》编者说它“辞旨幽濬”。看来当时很流行。而在今天的我们看来，有不少词句颇为难解。

---

① 青原行思——俗姓刘，庐陵（江西吉安）人，六祖惠能的弟子。

② 石头希迁——俗姓陈，端州高要（广东）人，青原行思的弟子。后在衡山南寺东石头上结庵，故号石头和尚。撰《参同契》。

③《宝镜三昧》——又名《宝镜三昧歌》《洞山良价禅师宝镜三昧》，全一卷，洞山良价撰。阐述曹洞宗“偏正回互”之宗旨。收于《大正藏》第四十七册《筠州洞山悟本禅师语录》。

④《五位颂》——又名《五位君臣颂》，洞山良价所作。五位，即五位君臣，表示理（空）与事（色）之间可能存在的五种关系，并以君臣关系作比喻，或用以解释君臣关系。

参同契

无论是因桃花盛开而开悟，还是因钟声而心灵清澈，只要执着在这些事情上，禅就是白云万里——这样看问题才是禅者的立场。

据说题目原本出自道教[①]，但不管怎么说，"参同"二字都是这一章的核心。"参同"二字虽然在本章文字中看不到，但是它的意义却贯穿全文。"参"就是参混，诸法万别千差，却各守其位，互不侵犯。"同"是指保持万别千差的个多世界，并指示在这个世界存有万法齐观底一物。"契"的意思是指体验、认识，契悟参同的事实。在此可看到本章新的认识。参与同、同与参的意义在本章中可用"回互"二字来表达。"回互"的思想在后来曹洞宗的传统中占有极其重要的地位。

1

竺土大仙心，东西密相付。

竺土大仙是指印度出生的释迦牟尼。在本编中，这个"心"字值得关

① 《参同契》——石头希迁撰，收于《景德传灯录》卷三十。《参同契》一名，系借用东汉道教徒魏伯阳所著《周易参同契》，该书力图调和儒道对立。

注。这是因为这个心正是前文《安心法门》中解说的心。不能与分别计较的心同等看待。虽说是竺土大仙的心，但这个心并不受限制，它最终既是我们的心，也是遍及参差万重的诸法的心。西起印度，东至中国、日本的佛祖都在传这个心。所谓“传”，并不是把什么东西从一只手递到另一只手，而是契证。一个人的心契悟到心的时候，对于他的经验，先觉者立为证据，这就是相付。“密”不是悄悄地、不让人知道的意思，也不是神秘论的经验。它的意思是，契悟的事实是不能从别人那里得来的。

有僧问南泉普愿[①]：

“祖祖相传，合传何事？”

南泉答道：

“一二三四五。”[②]

这像小学生的回答。所出现的数字历历分明，但其内在的含义却是秘密。道元禅师把密定义为“作为四十六代之本来面目，匪从人得也，不从外来也，不是本得也，未尝新条也”[③]。这大抵也是心的定义。

云居山的道膺[④]是洞山良价的弟子，公元902年示寂。一次，荆南节度使成汭[⑤]派部下武士来送供养。问曰：

---

① 南泉普愿——俗姓王，河南新郑人，马祖道一的弟子。

② 《景德传灯录》卷八《池州南泉普愿禅师》。

③ 出自道元《正法眼藏》第四十五。“而今道取之‘世尊有密语，迦叶不覆藏’，虽说是四十六佛之相承，但作为四十六代之本来面目，匪从人得也，不从外来也，不是本得也，未尝新条也。”四十六代，指诸佛诸祖师。

④ 道膺——云居道膺，俗姓王，幽州玉田（属河北）人。洞山良价弟子。

⑤ 成汭——原名郭禹，青州（一说淮西）人，唐末五代时任荆州节度使。

"世尊有密语，迦叶不覆藏。如何世尊密语？"

此时，道膺向来送供养的那个军官喊道：

"尚书。"

军官不自觉地答了声"哎"。道膺马上说：

"会么？"（明白了吗？）

军官本来就没有懂得道理，所以只好回答：

"不会。"

道膺说：

"汝若不会，世尊有密语。汝若会，迦叶不覆藏。"[①]

"竺土大仙心"就是这样，东西的祖师们所秘传的就是《参同契》的开头部分。

2

人根有利钝，道无南北祖。

---

① 出自《景德传灯录》卷十七《洪州云居道膺禅师》。"荆南节度使成汭遣大将入山送供，问曰：'世尊有密语，迦叶不覆藏。如何是世尊密语？'师召曰：'尚书。'其人应诺，师曰：'会么？'曰：'不会。'师曰：'汝若不会，世尊有密语。汝若会，迦叶不覆藏。'"

佛教讲究根机。“根机”几乎就是个人的气质秉性、心理素质、生物学的遗传倾向。这些都有各自的差异，所以在体悟“大仙之心”时就有利钝、迟速、顿渐之分，但一旦到了心的地步，这些就都齐备了。在地理上有东西、有南北，山川阻隔是不争的事实。但是，从道上来看，空间的阻隔就消失了，进而到了祖祖相传的心的地步，就不该分别彼此了。

3

灵源明皎洁，枝派暗流注。

灵源对支派，明对暗。灵的根源就是心，但这个心被形容为明皎洁，从这个根源派生、枝分出来的万法就是个多，所以与明相对的就是暗。明与暗两者平行互不相犯，且相即相入。这是相入。明中有暗，暗中有明。明就是明，但是不能把它看成是一色。暗流注到明中。这个流注并不一定是不好的意思。明与暗之间经常有回互的流注。

4

执事元是迷，契理亦非悟。

佛教分为事和理。事是个多的世界，理是一元。可以把事看作暗，把理看作明。但是有的时候，理是黑暗，事是明白。就是说在暗的时候什么也看不到，是黑一色。相反，明的时候，一切都不能隐藏，千差的世界就是千差。

执千差的万法，认为它是究竟的实在，这是迷。这样的话，就认为把个多归于一元，而这个一元独立存在于其自身之内，这不是悟。不使悟与迷对立，而且从中能看取心的场所的时候，那是真的契悟。我们必须触及这样的消息，即没有对立的地方有对立，漠视对立就没有对立。

5

门门一切境，回互不回互。

上句指个多的世界。门门各异的、森罗万象的、山河大地的一切境都是见闻觉知的分别境，那里就有回互不回互。回互是指一切诸法之间所看到的相即相入的关系，不回互是指个多停驻在各自的立场上。天桂传尊[①]在此做了如下注解：

“相相尘尘，不有挂碍。回相涉时，即冰河忽焰起，火里沽生莲。往来更无相。不然住位时，即逢三年一闰，鸡向五更啼。时节既昭著。是修非得，亦证非知。不可云神通妙用，岂可为法尔如然。回与不回，共是吾人日用光中现行三昧。云云。”

6

回而更相涉，不尔依位住。

个多的诸法相互之间回而相涉，这就是回互。各自安住在各自的位置上互不侵犯，这就是不回互。晓得这也不必困难地拿出来讨论，我们的日常生活就是一方面回互，一方面不回互。这不是特意安排的，而是自然发生的。但是，作为人来说，不承认遇到事情时不产生分别念，所以要分析转辘辘地[②]运动。于是这就叫回互、不回互。一旦将它们分开，则回互就是回互，不会变成不回互；不回互就是不回互，不会变成回互。天桂说：

---

① 天桂传尊——日本江户中期曹洞宗僧人。

② 转辘辘地——又作阿转辘辘地，以车轮的辘辘旋转来比喻圆转无碍、自由自在的境界。《碧岩录》卷六第五十三则：“看他悟后，阿辘辘地，罗笼不住，自然玲珑。”

“回与不回，全提商量。圆转无碍，如无环端。任性卷舒，随缘山没。凭么不凭么，这里有杀人之机，有活人之用。”

7

色本殊质象，声元异乐苦。

暗合上中言，明明清浊句。

“色”的意思几乎等同于物质。物质有各自的特质、各自的特相。声音的世界里有能愉悦地听的，也有一听就让人伤心的。分别的一切境，即六根六境[①]的世界是千差的个多的世界，所以各自不得不如此。红就是红，不是白。硬的就是硬的，软的就是软的。声音的高低强弱也是如此。各自依其各自的位置完成各自应该担当的作用。这是因我们的分别心而展开的世界。这叫明的世界、不回互的世界，是清句与浊句各不相犯的境界。与此相反，回互的世界是暗的世界。这里没有上、中、下。这就是将须弥纳入芥子，将文殊及其徒众几千亿纳入维摩[②]方丈都绰绰有余的原因。而且，大仙之心将回互与不回互并却了之，现出无方的神变[③]。不能在分别心上运出回互与不回互。

天桂在此引用云门文偃[④]某日的上堂，我觉得颇中肯綮。

“上堂，闻声悟道，见色明心。”（一天，云门上堂说法，有的人听到什

---

① 六境——又叫六尘、六妄、六衰、六贼。指六根所取之六种对境，也是六识所感觉认识的六种境界，即色、声、香、味、触、法。此六境犹如尘埃能污染人的情识，故称六尘；能引人迷妄，故称六妄；能使善衰灭，故称六衰；因其能劫持一切善法，故称六贼。

② 维摩（梵文 Vimalakīrti）——音译毗摩罗诘，又作维摩诘。意译净名、无垢称。佛陀释迦牟尼的在家弟子，中印度毗舍离城的长者。又维摩的居室方广一丈，故称维摩方丈。

③ 神变——神通变化。为教化众生，佛、菩萨等以超人的神通变化出各种外在的形态或行为。

④ 云门文偃——唐末五代僧人，云门宗之祖。俗姓张，嘉兴人。

么声音就悟道，也有的人看到物〔色〕就心中明澈。打扫庭院的时候，香严[①]因为小石子打在竹子根部的声音而开悟[②]，灵云[③]看到桃花盛开而开悟[④]，这都是禅宗史上有名的佳话。此外还有很多类似的传说。）

云门就这样说说，没有加注释，也没有评语，没有添加任何训诫或激励的话。过了一会儿，他举起手说：

“观世音菩萨将钱买糊饼。”

说罢，云门把举着的手放下，说：

“元来只是馒头。”[⑤]

天桂添加了注脚：

“且喜云门大师，糊饼、馒头，应机通变，两手持来，哺受诸人。不讨甚碗，直下吃却。水长船高，泥多佛大[⑥]。与么亦不与么？画马不成亦

① 香严——香严智闲，青州人。

② 出自《景德传灯录》卷十一《邓州香严智闲禅师》。“一日，因山中芟除草木，以瓦砾击竹作声，俄失笑间，廓然省悟。”

③ 灵云——灵云志勤，唐代僧人，福建长溪人。

④ 出自《景德传灯录》卷十一《福州灵云志勤禅师》。灵云“初在沩山，因见桃华悟道，有偈曰：‘三十年来寻剑客，几回落叶又抽枝。自从一见桃华后，直至如今更不疑。’”

⑤ 出自《五灯会元》卷十五《云门文偃禅师》。“师一日以手入木师子口，叫曰：‘咬杀我也，相救！’(归宗柔代云：‘和尚出手太杀。’)上堂：‘闻声悟道，见色明心。’遂举起手曰：‘观世音菩萨，将钱买糊饼。’放下手曰：‘元来只是馒头。’”

⑥ 出自《碧岩录》卷八第七十七则。“这僧问云门：‘如何是超佛越祖之谈？’门云：‘糊饼。’还觉寒毛卓竖么？衲僧家问佛问祖，问禅问道，问向上向下了，更无可得问，却致个问端，问‘超佛越祖之谈’。云门是作家，便水长船高，泥多佛大，便答道：‘糊饼。’”

失驴。”

这一点下文再详述。禅在表述其思想时，希望我们不应看其面目，而要在日常生活中步步扎实，如天桂所说：“直下吃却。”无论是馒头、年糕，还是大福糕，这些都是二次诠释。无论是放在普通托盘里，还是盛在黄金器皿里，这也是第二义。拿着钱来的，无论是观音菩萨还是文殊菩萨，抑或是其他的菩萨，谁都可以。总之，两手持来，出现在我的面前的话，最好就当下吃掉。明也好，暗也罢，这是回互，那是不回互，而且回互又不回互，不回互又回互等，用不着拿着这些四处转。无论是因桃花盛开而开悟，还是因钟声而心灵清澈，只要执着在这些事情上，禅就是白云万里——这样看问题才是禅者的立场。

下文未必要在这里引用，但可以看作关于《参同契》全编的夹注。道元在关于宏智[①]的《坐禅箴》[②]里的一句所做的注释，在此有很大的参考价值。道元对宏智《坐禅箴》中“空阔莫涯兮，鸟飞杳杳”一句所做的注释说：

“空阔非饰天，饰天之空非阔空。况彼此普遍非阔空。隐显无表里，是谓阔空。鸟若飞于空，是飞空之一法也。飞空之行履不可借。飞空，尽界也。尽界飞空故，此飞虽不知其几十许，但道取分度外之道取，乃杳杳道取也。直须足下无丝去。空飞去时，鸟亦飞去。鸟飞去时，空亦飞去。曰参究飞去之道取，只在者里。是兀兀地箴。争谓几万程只在者里。

---

① 宏智——宏智正觉，俗姓李，隰州人，北宋曹洞宗僧人，倡导默照禅。撰《宏智正觉禅师广录》九卷。

② 《坐禅箴》——宋宏智撰，说坐禅之要。本篇收录于《景德传灯录》卷三十。

8

四大性自复，如子得其母。

“四大”指地水火风，是构成宇宙的四大要素。它们都有各自独特的性质，总是返回到那里，实现自己，正如子母相会。一切各自都住在自己的位置。山是山，水是水，云在岭上闲不彻，水流涧下太忙生。但是，所以得其然者，为有母在也。母就是心，即竺土大仙的心。所有的东西都往返于这个场。我们再看下面几句。

9

火热风动摇，水湿地坚固。

眼色耳音声，鼻香舌碱醋。

然依一一法，依根叶分布。

本末须归宗，尊卑用其语。

这是对“四大性自复”的详解。诸法无论在何种场合，都像枝叶的分布要依靠根那样，一定要回归其本。本是宗，是心。这个心是“万法归一，一归何处”的最后归宿。根叶、本末都出于此而归于此。明白了这一点，也就打开了本末根枝尊卑的世界，各自使用复性的语言来参同。参同就是回互。在回互之处证不回互。因此如是说。

10

当明中有暗，勿以暗相遇。

当暗中有明，勿以明相睹。

明暗各相对，比如前后步。

如果把明看作千差的个多的世界，把暗看作平等一色的世界，那么差别中有平等，平等中有差别，明暗双双，这就是佛教的世界观。因此，明与暗，偏向哪方看到的世界，都没有抓住世界的真实。正如前步后步相扶才能够前进，明的时候不忘那里有暗，暗的时候不能忘记那里有明。但是，实际上却不能将明与暗理解为“各相对”。明暗是回互地运动的，不是相对、前后、双双的。一尘起而大千收[①]，必须看到一尘即是大千，大千即是一尘。这不是从明暗对立的思想中来的，而是看到一尘时就早已经成为大千了。如道元所说，“道取分度外之道取”，须将这个直观命名为回互。现在虽然使用了直观这个词，但直观是宏智《坐禅箴》所说的“不触事而知”“无偶而奇”的知，“曾无分别之思”。此后就会看到“鱼行迟迟”“鸟飞杳杳”的消息。

11

万物自有功，当言用及处。

一切法都有其各自具有的功能，正如火要燃烧，水要滋润那样。而这个功能可以从两个方面来看，一面是动用，另一面是止处。可以说用是功能的动态，处是功能的静态。实际上用与处是一个东西，这要看我们的眼睛是如何观察的。人的意识总是将事物一分为二来思考，这被叫作“认识”。对此我们也可以用回互与不回互来加以说明。

12

事存函盖合，理应箭锋拄。承言须会宗，勿自立规矩。

如果认为存是察之义，那么“事存”就能通达于事，洞察其理。于是

① 一尘起而大千收——语出《景德传灯录》卷十九《韶州云门山文偃禅师》。“即如雪峰和尚道：‘尽大地是汝。’夹山云：‘百草头识取老僧，市门头认取天子。’乐普云：‘一尘才举，大地全收。一毛师子全身，总是汝把取。’翻覆思量，日久岁深，自然有个入路。”

函盖相应，显现回互之妙。“理应”是随事而应变，是在事与理之间不留任何缝隙，“心随万境转”而且“转处实能幽”，这就叫“箭锋相拄”。“箭锋相拄”来源于这样一个故事：一个擅射的名人射出的箭，后箭顶住前箭就像一支箭一样在空中飞。它的意思是没有一点缝隙，不要任何媒介。它的本质就叫宗。如果不能体会这个宗，就会在语言文字上转圈圈。若试图将在概念上分析出来的东西镶嵌到经验的事实里，那么经验就不再是事实。结果事实也不会被经验。当事人不站在最前面，而是站在旁观者的位置上。这就是自已立规矩。天桂对这句做了如下注解：

“汝等诸人，娘生鼻孔。本来面目，摸索着看。头戴天，脚履地。自佛不得，自祖不借。不规而圆，不矩而方。明历历，活团团，岂可剜好肉而生疮？故策令曰勿。”

天桂能说这样的话一定有其思想背景，所以思想——言规矩也未必应该退缩，这自不待言。但是不符合经验的事实——宗——的思想就要策令说“勿”，这是最为得当的。

13

触目不会道，运足焉知路？进步非近远，迷隔山河固。

大道通长安，人们每天都踏着这条大道。左之右之，没有不是道路的地方。但是，作为人来说，不能仅止于此。人要是在那里不抓到些子底，就不踏实。些子底，就是知，就是会。但是这个知、这个会必须是“不对缘而照”之物、“不触事而知”之物。一旦有了可着“毫忽之兆”的手，破绽就出现了。可以说禅的用心其实就在这里。知是知，但必须是无偶之知、没有对立的知、无媒介的知。必须以这个知运足前行，并知晓有路之处。也就是说，是无知之知、无分别之分别。所以即使终日进步，那里也没有可测远近之物。远近记录了步行的足迹。鸟的痕迹不能印在天空。禅者的知在鸟和天空一起飞翔的地方。飞鸟是飞空，飞空是飞鸟。抓不到，也留不下痕迹。所以叫作只在者里。与此相反，一旦有什么滞碍之处，即一旦被裹挟、被限定在对立的世界中的肯定和否定的逻辑中，就动弹不得，就会被山、河这样的坚固的东西阻隔，前进不得。结果翻越了那座山，渡过了这条河，只是估量了远近的足迹。这个估量就是分别知，就是思量的秤星。虽然也有作用，但是禅的知不能被看到。

14

谨白参玄人，光阴莫虚度。

这句话乍一读感觉像告诫之语，就像“一寸光阴一寸金”。但是若仅是如此就会让人觉得太过平凡了。前面娓娓道来，平淡如家常便饭。与此相比，将些子底加入其中来看，倒是更符合作者的意图吧。

天桂在此引用了李长者[①]的话“光阴莫虚度”，我觉得其实在这个意义上理解是最为贴切的。光阴是时。这个时不是钟表盘上所刻的时，不是历法上的时，也不是所谓历史篇章上哪个时代的时。而是李长者所谓无时的时，是洞山所说“有一物，上拄天，下拄地，黑似漆，常在动用中，动用中收不得”[②]中的这个一物，也是“何不向无寒暑处去”[③]中无寒暑的处。洞

---

① 李长者——名通玄，唐代华严学者，皇族出身。居山中数载，每日以枣、柏叶饼为食，世称“枣柏大士”。著作颇丰，其中有《新华严经论》四十卷。

② 出自《五灯会元》卷十三《洞山良价禅师》。“师与泰首座冬节吃果子次，乃问：‘有一物上拄天，下拄地，黑似漆，常在动用中。动用中收不得，且道过在甚么处？’泰曰：‘过在动用中。’”

③ 出自《五灯会元》卷十三《洞山良价禅师》。僧问洞山。“问：‘寒暑到来，如何回避？’师曰：‘何不向无寒暑处去？’曰：‘如何是无寒暑处？’师曰：‘寒时寒杀阇黎，热时热杀阇黎。’”

山有“五位”之说[①]，讲正和偏，但这个正是偏中之正，偏是正中之偏。正与偏都是围绕着中的正与偏。这个中即道元的有时的有。再看下文，天桂引用了一段李长者的文字。

“十定品说：‘如来于刹那际出现于世入涅槃。’总无时也。言刹那际者，犹寄言尔。以无时及一切时出现，一切时说法，一切时涅槃。寂用无碍，故随众生心现故。又如《法华经》[②]云：‘吾从成佛已来无量阿僧祇劫[③]。’以无时可量，故曰无量。‘不逐世情远思，为无量之思也。总无时可迁。’[④]

是知无时是这个时节也。时节、因缘、刹那、前后；竺土大仙心，东西密相付，正当凭么是此时也。周旋驰逐，不可蹉过。一切时中，更无余时。光阴莫虚度。今日是何日？甲猫儿日么也无？回首转眸，去而勤修，又驴年去也[⑤]。只非言光阴莫虚度，实须知光阴无虚度。日日只是

① “五位”之说——语出《五灯会元》卷十三《洞山良价禅师》。“师作《五位住君臣颂》曰：‘正中偏，三更初夜月明前，莫怪相逢不相识，隐隐犹怀旧日嫌；偏中正，失晓老婆逢古镜，分明觌面别无真，休更迷头犹认影；正中来，无中有路隔尘埃，但能不触当今讳，也胜前朝断舌才；兼中至，两刃交锋不须避，好手犹如火里莲，宛然自有冲天志；兼中到，不落有无谁敢和？人人尽欲出常流，折合还归炭里坐。’”“兼中至”，在《碧岩录》卷五中写作“偏中至”。

② 《法华经》——全名《妙法莲华经》，鸠摩罗什译（405 年）。《法华经》是释迦牟尼晚年在王舍城灵鹫山所说，为大乘佛教初期经典之一。据称公元 1 世纪左右成书，汉译本还有竺法护译《正法华经》（286 年）和阇那崛多、达摩笈多合译《添品妙法莲华经》（601 年）。

③ 阿僧祇劫——汉译为无数长时、无央数劫，指菩萨由发心至成佛的时间。有三大阿僧祇劫，即三个时期，意指时间的最大极限。晋·法显《佛国记》：“菩萨从三阿僧祇劫，苦行不惜身命。”

④ 李通玄《新华严经论》原文是这样的：“如十定品说。如来于刹那际出现于世入涅槃。总无时也。言刹那际者。犹是寄言尔。以无时即一切时出现。一切时说法。一切时涅槃。为寂用无碍故。随众生心现故。又如法华经。吾从成佛已来经无量阿僧祇劫。以无时可量故言无量。此为佛说法时。以此为定。不逐世情远思为无量之想也。以无时是佛说法时也。以本教说本时。本时者。法界无时也。”

⑤ 又驴年去也——语出《五灯会元》卷四《古灵神赞禅师》。“本师又一日在窗下看经，蜂子投窗纸求出。师睹之曰：‘世界如许广阔不肯出，钻他故纸驴年去。’遂有偈曰：‘空门不肯出，投窗也大痴。百年钻故纸，何日出头时？’”

这时节。……”[①]

天桂在其他地方（《正法眼藏辩注》“有时”一章）反复强调了同一个意思。因为他更加明了地阐述了上述的意思，所以我也不厌其烦地加以引用。

“此章（某时）直是衲僧参学眼目。只此日用光中，显示在于十二时的。朝朝日出于东，夜夜月沉于西。今日是什么日？猫日？鼠日？学人徒算数，今年享保[②]何年何月，大尽三十，小尽二十九，一年三百六十日，日日空度十二时。大虚空中尽十方界，哪里有春夏秋冬之代谢？不疑着今天是什么干支，偶然闲过实日日是好日[③]，知不迷之人稀也。痛哉！”

达摩在公元6世纪初来到中国，至今已有一千四百多年。一千四百多年前，佛教还没有传到日本。六祖惠能的出现是在达摩之后一百五十年。为禅打下其作为禅的性质基础的是惠能和他的弟子们。特别是惠能，他的文字修养不高。他没有在僧房过隐居生活，而是在市井卖柴，在弘忍处舂米，他筑坛说法，无论是僧还是俗，也无论是专家还是普通大众，他都用极其浅显的语言，通俗易懂地说禅。而且他的禅并不游离在生活之外，他的思维方式、表现方法对于那些和自己有着同一传统的人们来说，是最为亲切的。这些事迹使他变达摩禅（应称为“印度禅”）为中国式的禅。他的弟子当中也是人才辈出。这种势头在他的师父五祖弘忍的时候就已经出现。弘忍的教授方法可以叫作“静态禅”，即还带有印度风格。到了惠能时期，

① 这两段引文出自天桂传尊《报恩编》（收于《大正藏》第八十二册）。

② 享保——日本江户时代年号。

③ 出自《五灯会元》卷十五《云门文偃禅师》。云门文偃“示众曰：‘十五日已前不问汝，十五日已后道将一句来。’众无对。自代曰：‘日日是好日。’”

静态禅完全变成了动态禅。可以说这始于他所倡导的定慧不二。

惠能之前的禅思想可以用三祖僧璨的《信心铭》来代表。僧璨将达摩的心换成了一。所谓“换”，并不是将心彻底抛弃，而是从心中展开一。虽说“莫守一”，但是达不到这个程度的人反而会产生努力“守一”的倾向。这被称作看“心禅”“清净禅”。于是，以定为第一成了不得已的情况。为此，惠能提出了见性的主张。若非定慧一等，见性就不可能。见是知，是根本慧，是无知之知、无分别之分别。这一点，惠能的弟子神会在《显宗记》——《顿悟无生般若颂》——中说得很明白。《六祖坛经》在世间非常有名，所以想做这方面思想研究的读者一定要读一读。

惠能倡导见性的时候，这个见有两个方面，并向着两个方向发展，这是不争的历史事实。见既是静态的，也是动态的。只要一说到见，我们就会想到寂照。但是，见也是用。人们肯定认为是指行为、作用、机动。所以在惠能之后，便大力提倡大机大用、全体作用，而排斥单纯的定坐、坐禅、寂静、默照等。将这方面发展到极致的可以说是临济禅。

另一方面，它不仅仅是静态禅，还向哲学的、思想的、冥想的方向发展。曹洞禅似乎明显地具有这种倾向。日本的道元禅也可被视为是典型的曹洞禅吧。它的弊端是所谓“只管打坐[①]”。其思想方面的代表是石头的《参同契》。它用回互思想来解说达摩的心。

到了12世纪初的宋朝，静态禅演变为默照禅[②]，动态禅演变为看话禅[③]。

---

① 只管打坐——语出道元《正法眼藏》卷七十二。“先师古佛云：参禅者，身心脱落也，只管打坐始得，不要烧香、礼拜、念佛、修忏、念经。”道元入宋，师事天童山如净禅师三年，习默照禅，继承如净“参禅即打坐”之真谛，主张放下身心，专注坐禅。

② 默照禅——由南宋曹洞宗天童正觉所创，以静坐看心为根本，主张通过静坐默照，体悟虚灵空妙的心体。通过合目闭眼，沉思冥想，自然会产生般若智慧。

③ 看话禅——又叫“看话头”“话头禅”，即提出公案中的某些典型语句为“话头”（即题目）加以参究。话，即公案。由北宋临济宗的大慧宗杲所倡。他反对在语言文字上对公案内容进行解剖，主张内省的、非理性的禅密体验。

但是，“默照”“看话”都是只看到盾牌的一面而下的评语，不能概括任何一个宗派的特性，应该说是不科学的分类。看话禅的思想和默照禅的思想都包含禅随着时间的推移自然而然地向着这个方向发展的东西，同时，隐藏在禅内部的东西也通过这两种禅的比较，越来越清晰地被读取出来。这方面的考察不是本书所应触及的。现在在本书第一编的尾声，我们介绍一下宏智的《坐禅箴》和道元的“坐禅箴”，由此我们能够知道禅思想欲道出哪些内在的经验。

坐禅箴

只管坐禅，不是证，其中必须有修，但修不是图证之后的修——功夫。莫要误将坐禅当作无为的禅坐。

宏智撰：

佛佛要机，祖祖机要。
不触事而知，不对缘而照。
不触事而知，其知自微。
不对缘而照，其照自妙。
其知自微，曾无分别之思。
其照自妙，曾无毫忽之兆。
曾无分别之思，其知无偶而奇。
曾无毫忽之兆，其照无取而了。
水清彻底兮，鱼行迟迟，
空阔莫涯兮，鸟飞杳杳。

道元撰：

佛佛要机，祖祖机要。

不思量而现，不回互而成。

不思量而现，其现自亲。

不回互而成，其成自证。

其现自亲，曾无染污。

其成自证，曾无正偏。

曾无染污之亲，其亲无委而脱落。

曾无正偏之证，其证无图而工夫。

水清彻地兮鱼行似鱼，

空阔透天兮鸟飞如鸟。

宋朝宏智正觉禅师的《坐禅箴》是道元绝口称赞的。除他之外，以《坐禅铭》或《坐禅仪》或《坐禅箴》之名被收录在《传灯录》《普灯录》[①]中的，都被认为“无可取处”，还被说成是“尚暗于行履，不知坐禅，不单传坐禅之辈所记也”[②]。于是被视为“可怜”之作，甚至被贬斥为“晚学弃，不可看”。也就是说，这是道元所理解的坐禅和其他禅者所见到的坐禅的意义的不同，所以道元用非常激烈的文字排斥后者。后来，道元的坐禅被认为是默照禅，是黑山鬼窟里的暗证禅，是痴坐死路头的禅，之所以这样认为也是因为他们在对坐禅含义的理解上意见相左。也可以说，禅思想是围绕坐禅而展开的。某种意义上说，这里还能烙上惠能时代定慧一等论的痕迹。也可以认为，道元从静态的角度捕捉作为无分别之分别的般若的智慧，并使分别在这方面发挥了功用。他的坐禅观

---

① 《普灯录》——全名《嘉泰普灯录》，禅宗灯录之一，三十卷，别有目录三卷，南宋·雷庵正受编。

② 出自道元《正法眼藏》。“古来至近代，有记《坐禅铭》老宿一两位，有撰《坐禅仪》老宿一两位，有记《坐禅箴》老宿一两位中，《坐禅铭》，无可取处；《坐禅仪》，尚暗于行履，不知坐禅，不单传坐禅之辈所记也。”

以兀兀地为基体。兀兀地原本是作为副词或形容词来使用的，道元将它变成了名词。道元一派的主张是，兀兀地是兀坐，是坐禅，是单传。“参学兀坐”“兀坐之佛道”“兀坐乃正法眼藏、涅槃妙心”之类，都是把兀坐当作绝对的事实来说的。将其显示为形相时，就成了兀兀地独坐。所谓“一寸坐禅一寸佛”也在其含义之内。若说这是默照，倒也不是不能这么说，不过这么说还不能透彻兀坐的真义。但是，禅也不应该停留在这里，其后必须产生思量（分别）。于是就有思量、不思量、非思量的矛盾。把药山[①]的问答“思量个不思量底”[②]分开，变成“思量”和“个不思量底”，那么甚至可以说，所谓前者和后者，一也。在我们今天看来，“思量个不思量底”非常有趣，可过去的人们未必这么认为。总之，只靠兀坐，无法谈得深入，于是就产生了思量，这就是“不兀兀地思量乎”，就是被设定为“应有问著兀兀地的力量，应有思量”。道元的《正法眼藏》九十五卷实际上也只能从这种思量中产生出来。对于兀坐禅来说，它的另一面必须要有思量禅。虽说到了后世，兀坐成了屈足算香的形式禅，思量成了只在分别知上的七穿八穴，但回溯源头，不能再责备“兀兀地”。

在解释宏智的《坐禅箴》之前，先介绍一下天桂对坐禅的认识，我相信这并非无益。前文略已述及，道元的坐禅不是平常所说的坐禅，而应该看作在“兀坐正传”意义上的达摩壁观。如果不能清楚地理解这一点，就会被理解为只是坐着即是一寸佛、一日佛。这样一来，便不知其弊害有多深。天桂对此痛加大棒。天桂在《正法眼藏辩注》“坐禅箴”一章中说：

---

① 药山——药山惟俨，俗姓韩，绛州人，传青原行思法脉，对曹洞宗的形成有深远影响。

② 著名的药山问答如下。药山坐禅时，有僧问：“兀兀地思量什么？”师曰：“思量个不思量底。”曰：“不思量底如何思量？”师曰：“非思量。”如能明白“非思量”，就全都懂了。药山是兀兀地坐禅的本体。道元的兀兀地辩、坐禅观、只管打坐等都出自这里。又，该公案出自《景德传灯录》卷十四《澧州药山惟俨禅师》。

“今时谓徒屈足窟坐为坐禅。坐乃四仪[①]之一，禅乃六度之一也。此云静虑。若云静虑，则止纷飞之动念，思欲静寂。是凡夫二乘之禅，须知止动归止，止更弥弥动。吾门元古佛所示之单传坐禅，乃单传非坐卧之眼目也。是谓坐禅宗旨，非如今所云禅宗之义，如云坐禅之宗乘玄旨，不可错解。明见佛性眼目开发时，行住坐卧、一切时、一切处、单行独步、百丈[②]独坐大雄峰[③]、青原[④]圣谛尚不为[⑤]、药山一切不为闲坐即为也[⑥]，皆是也。如今以坐之一行云。夫坐，取不动之义。知一切处不动于本处，是云坐禅。《法华》所谓：常在于其中，经行若坐卧，只能了在于其中。除今时卖弄殊胜之规矩之日佣者。日佣者坐禅，非真个坐禅。故云：比其单传坐禅非坐卧，无限坐卧乃自己。犹又坐禅坐佛，可精究杀佛之工夫。皆是自己之单传，非他人也。”“今经历驰走此丛林之黑暗死坐臭饭袋，字海自负瞎痴生，共知屈足算香为坐禅，无真个工夫，空过一生，轻忽如是古佛悲悯之语，人乎？畜乎？不知为何物也。”

前文已述，道元禅师在《正法眼藏》“坐禅箴”一章对宏智的《坐禅箴》赞不绝口，但他对此也加了颇有特色的注释。众所周知，《正法眼藏》乃难解之书，不可近傍。现在即使引用，对一般读者来说也似抛投

---

① 四仪——行、住、坐、卧。

② 百丈——百丈怀海，俗姓王，福建长乐人。马祖道一法嗣，制定了禅林清规。

③ 出自《五灯会元》卷三《百丈怀海禅师》。“时沩山在会下作典座。司马头陀举野狐话问典座：‘作么生？’座撼门扇三下。司马曰：‘太生。’座曰：‘佛法不是这个道理。’问：‘如何是奇特事？’师曰：‘独坐大雄峰。’僧礼拜，师便打。”

④ 青原——青原行思，俗姓刘，吉州庐陵（江西吉安）人，六祖惠能弟子之一。

⑤ 出自《景德传灯录》卷五《吉州青原山行思禅师》。青原“闻曹溪法席，乃往参礼。问曰：‘当何所务，即不落阶级？’祖曰：‘汝曾作甚么来？’师曰：‘圣谛亦不为。’祖曰：‘落何阶级？’师曰：‘圣谛尚不为，何阶级之有？’祖深器之”。

⑥ 一切不为闲坐即为也——语出《景德传灯录》卷十四《澧州药山惟俨禅师》。“一日在石上坐次，石头问曰：‘汝在这里作么？’曰：‘一物不为。’头曰：‘恁么即闲坐也。’曰：‘若闲坐即为也。’头曰：‘汝道不为，不为个甚么？’曰：‘千圣亦不识。’”

铁酸馅[1]。虽说如此，道元却代表了距今七百年前日本的禅思想的一个方面，所以我要引文数行。抄录宏智的《坐禅箴》之后，道元马上写下如下话语：

“所谓坐禅箴之箴，大用现前也，声色向上之威仪也，父母未生前之节目也，莫谤佛祖好也，未免丧身失命也，头长三尺，颈长二寸也。”

“佛佛要机，佛佛必以佛佛为要机，其要机现成也。是坐禅也。祖祖机要，先师无此语也。此道理，是祖祖也，法传衣传也。大凡回头换面之面面，是佛佛之要机也。换面回头之头头，是祖祖之机要也。……”

较之道元的注释，宏智的原文反而更好懂。不管怎样，姑且对引自道元的文字做个大致的解释。道元一开头不说坐禅是一种用结跏趺坐的姿势凝思冥想的修行方式。他解释说，坐禅本身就是大用现前。所谓“大用现前”，其含义就是绝对的真实存在本身。他说，坐禅就是廓落无依，没有任何约束，自由自在地劳作的当体。声色是我们日常的世界。向上可以说是超声色的观念界。道元的见解是，这两个世界就是一个世界。向上的世界就是父母未生前，即自己还未出生以前的世界。这世界只是坐禅这个节目——形态——而已。不知道坐禅即是大用现前的人不免凝滞在声色堆里，不能看透父母未生以前、天地未分以前的消息，不能彻悟禅非坐卧，因此不得不毁谤佛祖。希望大家无论如何也不要这样做。如果不想毁谤佛祖，就必须直截了当地行动，即不惜丧身失命。若能这样，就能参见头长三尺，颈长二寸的怪物。某僧在问洞山良价“如何是沙门行”时，良价回答“头长三尺，颈长二寸”[2]。道元在此引用了这

① 铁酸馅——铁制的馒头。比喻难解难透。馅（音 xiàn），同“馅”。

② 出自《五灯会元》卷十三《洞山良价禅师》。“僧却问：‘如何是沙门行？’师曰：‘头长三尺，颈长二寸。’师令侍者持此语问三圣然和尚，圣于侍者手上掐一掐。侍者回，举似师。师肯之。”

句话。至此，道元结束了对宏智《坐禅箴》的序论一样的文字。由此进入正文，开始评讲解释每一句。总之，坐禅是佛佛祖祖的要机，佛之所以为佛，祖之所以为祖，其实都在这里。

道元的《正法眼藏》中的对告众乃是一群专家，所用术语很多是普通读者不懂的。而且如果不通禅史，也不可能领会他极其平和地引用的故事成语。在这一点上他与盘珪[①]等大为不同。虽然本来就有时代、背景等的不同，但除此以外还应考虑到个性的不同。他们主要的不同点应该说是因为两者对禅思想的理解不同。这一点在拙著《禅思想史研究》第一部（岩波书店出版）中多少提及一些，所以这里不再赘述。前文说道，道元在注释“祖祖机要”时，一上来就写道“先师无此语也”。这里有以下的因缘（《五灯会元》卷四《南岳下四世》）。

杨州光孝院慧觉[②]是赵州从谂的弟子，平时以“觉铁嘴”闻名。一次去临川崇寿院时——

眼[③]：“近离甚处？”

觉：“赵州。”

眼：“承闻赵州有庭前柏树子话，是否？”（听说赵州和尚被问到“如何是祖师西来意”时，赵州回答：“庭前柏树子。”[④]果有此事？）

觉：“无。”

眼：“往来皆谓，僧问‘如何是祖师西来意’，州曰‘庭前柏树子’。上座何得言无？”

---

① 盘珪——盘珪永琢，日本江户前期临济宗僧人，游历各地，在家乡创建龙门寺。提倡不生禅，即人人都有不生的佛心。

② 慧觉——光孝慧觉，生卒年不详，唐代僧人，为赵州从谂法嗣，世称觉铁嘴。

③ 法眼——法眼文益，五代僧人，俗姓鲁，浙江余杭人，开法眼宗。

④ 出自《五灯会元》卷四《赵州从谂禅师》。“问：‘如何是祖师西来意？’师曰：‘庭前柏树子。’曰：‘和尚莫将境示人？’师曰：‘我不将境示人。’曰：‘如何是祖师西来意？’师曰：‘庭前柏树子。’”

觉："先师实无此语，和尚莫谤先师好。"[①]

法眼闻之，赞道："真狮子儿，能狮子吼。"

作为历史事实，在分别意识的认知方面，可以说觉铁嘴撒了谎。而且这个谎还撒得煞有介事，毫不含糊，始终坚持自己主张的势头很是强烈。实际上，他没有站在可以妥协的温和的立场上。在当下应对法眼的问题时，他将赵州回答"庭前柏树子"的机要和盘托出了。可以说正应了所谓大用现前的"铁嘴"这个称号吧。正因为道元看到了这一点，所以才说"此道理，是祖祖也"。道元的"坐禅"，道元的"兀坐"，道元的"非思量"都可看到觉铁嘴的这个立场。只有了解了这一点，才能将宏智的《坐禅箴》和道元的对照着理解。达摩西来以后，大力提倡一个"心"字。但是"心"很容易被解释成心的意思，如同物心的心、色心的心，很容易变成对立的概念。然而一方面大机大用在起作用，同时另一方面"独坐大雄峰""天上天下，唯我独尊""一无位真人"[②]等以"突出哪吒铁面皮"[③]改变了禅界的氛围，使禅思想明显地带有现实性。为了再确认这一点，并给前文的道元的"兀兀地"下注脚，再举二三例证。

禅不愿游离于现实之外，不肯超越个。但是分别识上的现实，从禅的角度来看，就不是现实。禅不顿着于这样的现实。个也是如此。我们一般认为是个，以为没有超越它的具体事物。禅与之不同。从分别角度看到的个是抽象的，是概念性地重构的。禅不关注这样的个。"庭前柏树

① 《五灯会元》卷四《光孝慧觉禅师》。

② 出自《景德传灯录》卷十二《镇州临济义玄禅师》。"一日上堂曰：'汝等诸人，赤肉团上有一无位真人，常向诸人面门出入。汝若不识，但问老僧。'时有僧问：'如何是无位真人？'师便打，云：'无位真人是什么干屎橛？'"

③ 无学祖元禅师偈："一槌击打破精灵窟，突出哪吒铁面皮。两耳如聋口如哑，等闲触着火星飞。"

子！先师无此语！”从这里看到现实，看到个的是禅的眼。分别识欲将柏树子看作个，认作境（现实）。错，错，大错。所以赵州才说“我不将境示人”。甚至被问到祖师西来意时，也肯定地说“庭前柏树子”。禅者不仅仅是努力到底，还要在分别识方面紧紧抓住怎么也不能认可的个——现实，然后再走出来，不管怎样也要说出“先师无此语”。赵州、觉铁嘴等人所见到的柏树子的个，就是由“个不是个，所以是个”这样一种般若的即非逻辑中产生出来的个。现实也是如此。所以禅的立场、禅的思想与“历史”“现实”“个”“逻辑”等相反，是全然否定性的。但是不消说这个“否定”不应是从分别逻辑上看到的。下文的上堂问答都必须从这一点来看。

洞山良价有一次在上堂问：

“有一人在千人万人中，不背一人，不向一人，你道此人具何面目？”

在众多人中，不背对任何一个人，也不面对任何一个人，这样的人是什么样的人呢？在普通物理学中，这样的问题当然是无法说明的，但是洞山却像“小孩问为什么”似的将这个谜一样的问题抛在众人面前。这本来就不可能是单纯的谜，但洞山的真实意图又在哪里呢？洞山又进行了下面的问答。

僧：“和尚出世几人肯？”（和尚现在是一寺的住持，但有很多人随喜吗？）

山：“并无一人肯。”

僧：“为什么并无一人肯？”

山："为他个个气宇如王。"[①]

"气宇如王"的人们无论面向哪里，都是没有向背的"一人"，这不能被视为是分别识上的"个"，都是"头长三尺，颈长二寸"的怪物。但是这个"个"平时不是那样的怪物，也不具有如王者般的傲慢，也不应是"天上天下，唯我独尊"。他有时在秋风落日前，似一茎细弱的枯草。有僧人来访洞山，恰好看见有人死去，他问——

僧："亡僧迁化[②]向甚么处去？"

山："火后一茎茆。"[③]（火烧过的灰土上长出一根茅草。）

如果有人只将这些当作神秘论、泛神论来处理，我们的祖先肯定会大瞪着眼珠子大喝一声："你们这些无赖！"当他们听到说"有时立于高高峰顶，有时行于深深海底[④]，有时三头八臂[⑤]，有时丈六八尺[⑥]，有时拄杖拂子[⑦]，

---

① 出自《五灯会元》卷十三《洞山良价禅师》。"上堂：'有一人在千人万人中，不背一人，不向一人，你道此人具何面目？'云居出曰：'某甲参堂去。'师有时曰：'体得佛向上事，方有些子话语分。'僧问：'如何是话语？'师曰：'话语时阇黎不闻。'曰：'和尚还闻否？'师曰：'不语话时即闻。'问：'如何是正问正答？'师曰：'不从口里道。'曰：'若有人问，师还答否？'师曰：'也未曾问。'问：'如何是从门入者非实？'师曰：'便好休。'问：'和尚出世几人肯？'师曰：'并无一人肯。'曰：'为甚么并无一人肯？'师曰：'为他个个气宇如王。'"

② 迁化——变化，也指人死，也是高僧圆寂的委婉说法。

③ 出自《五灯会元》卷十三《洞山良价禅师》。

④ 出自《景德传灯录》卷十四《澧州药山惟俨禅师》。"翱又问：'如何是戒定慧？'师曰：'贫道遮里无此闲家具。'翱莫测玄旨。师曰：'太守欲得保任此事，直须向高高山顶坐，深深海底行。闺合中物舍不得，便为渗漏。'"

⑤ 三头八臂——语出《法苑珠林》卷九。修罗道者"体貌粗鄙，每怀瞋毒，棱层可畏，拥耸惊人，并出三头，重安八臂，跨山踢海，把日擎云"。

⑥ 丈八六尺——语出《观无量寿经》。"阿弥陀佛，神通如意。于十方国，变现自在。或现大身，满虚空中。或现小身，丈六八尺。所现之形，皆真金色。"

⑦ 拄杖拂子——出自《碧岩录》卷七第六十八则圆悟评唱。"百丈当时，以禅板蒲团付黄檗，拄杖子拂子付沩山。沩山后付仰山。仰山既大肯三圣。圣一日辞去，仰山以拄杖拂子付三圣。圣云：'某甲已有师。'仰山诘其由，乃临济弟子也。"

有时露柱灯笼[①]，有时张三李四[②]，有时大地虚空”的时候，肯定会说：“这才是泛神论。”道元用“坐禅箴”之类将同样的事情反反复复地卖力主张，真的就是血滴滴地老婆心切[③]。如果不说泛神，而说个神的话，也许有的地方多少会吻合道元以及祖祖之意吧。“回头换面之面面”“换面回头之头头”等未必是同一事实的重言再叙。一回举着一回新[④]。无论从上看还是从下看，无论从左右看，还是从前后看，个都是寂然不动，而且没有不大用现前的时候。只是有一事最为紧切，不可欠缺，那就是知。知是肯或肯定，是承当。如果没有知，个就仅仅是分别识上的一个泡沫。

潭州招提寺的慧朗[⑤]禅师是石头希迁的弟子。有一次他问石头——

朗：“如何是佛？”

头：“汝无佛性。”

朗：“蠢动含灵[⑥]又作么生？”

头：“蠢动含灵却有佛性。”

---

① 露柱灯笼——出自《碧岩录》卷二第十五则圆悟评唱。“假使一时无言无句，露柱灯笼何曾有言句？还会么？若不会，到这里也须是转动始知落处。”露柱灯笼何曾有言句，意为佛殿外的露柱和灯笼虽无言句，亦可使人即境见性。露柱，殿外廊檐下的明柱，一说是殿外的拴马桩。

② 出自《五灯会元》卷十《栖贤澄湜禅师》。“问：‘如何是佛？’师曰：‘张三李四。’问：‘古人斩蛇意旨如何？’师曰：‘犹未知痛痒。’问：‘此是选佛场，心空及第归。学人如何得及第归？’师曰：‘不才谨退。’”师，指栖贤澄湜禅师。

③ 血滴滴地老婆心切——语出《碧岩录》卷六第五十五则。雪窦举公案“道吾与渐源，至一家吊慰，源拍棺云：‘生邪死邪？’吾云：‘生也不道，死也不道。’”圆悟夹批：“龙吟雾起，虎啸风生。买帽相头，老婆心切。”圆悟评唱：“道吾恁么血滴滴地为他，渐源得恁么不瞥地。”另，宋文素编《如净和尚语录·赞佛祖》中有句：“无明业识幢。竖起漫天黑，一句不相当。拳头飞霹雳，咦，老婆心切血滴滴。”

④ 出自《碧岩录》卷三第三十则。“镇州出大萝卜”后，圆悟夹注：“天下人知，切忌道着。一回举着一回新。”

⑤ 慧朗——招提慧朗，唐末五代僧人，俗姓欧阳，曲江（广东韶关）人，石头希迁之法嗣。

⑥ 蠢动含灵——泛指一切众生。蠢动，出于本性的自然的行动，泛指人和动物。含灵，指人及一切有性情者，同含识、含生、有情等。

朗："慧朗为什么却无？"

头："为汝不肯承当。"[①]

蠢动含灵什么都不知道，却在其生活方面没有一刻不行为着"佛性"。但是人不是鸟兽虫鱼，不能像他们那样生活并行为着"佛性"。人在伊甸园品尝到"知识"的果实之后，如果没有肯心自许，就不再是人。虽然没有是非的次第，但这其实就是人的最高的祝福。"为汝不肯承当"，有承当之处方才有人，才有人的无上幸福。

雪峰义存[②]是唐末的著名禅师之一。有僧人从海山[③]来，雪峰问他——

峰："海山有何言句？"

僧："某甲曾问，'如何是祖师西来意'，海山据坐。"（被问到祖师西来意时，海山和尚什么也没说，一动不动地端坐着。）

峰："汝肯他否？"（你首肯海山吗？）

僧："某甲不肯他。"（某甲没有首肯他，即"我不知道"之意。）

峰："海山古佛。汝速去忏悔。"[④]

这个问答中最重要的是"海山据坐"。在据坐之处必须承认"于一切处不动本据"这一兀坐的真谛。只要不承认这一点，对禅的理解就不能更深一步。因为有"据坐"，所以必须有"肯他"。肯他大约就是自肯，就是自知。而且应该记住，这个知就是宏智的"不触事而知"的知。至此，到了

---

① 出自《景德传灯录》卷十四《潭州招提慧朗禅师》。

② 雪峰义存——唐末著名禅僧，俗姓曾，有《雪峰义存禅师语录》《雪峰清规》等传世。

③ 海山——或为"沩山"之误。沩山，即沩山灵祐，沩仰宗初祖，俗姓赵，福州长溪（福建）人。沩山，亦名大沩山，沩水发源地，位于湖南。

④ 出自《景德传灯录》卷十六《福州雪峰义存禅师》。

该谈谈宏智的时候了。

中国的文学家创作对偶句异常地努力，有时也叫“镂刻骈偶”。他们为此而闲却了文学的精神层面，这也是事实。但是美丽的、极尽技巧的文字不仅在文学方面，也渗透到日常生活之中，这也深深地诱发了我们的情趣。汉字本身以一种特殊的形态发展起来，所以人们相信，创作对偶句，来自形态方面的影响也不小。像宏智的《坐禅箴》就巧妙地使用了隔句对，雕琢出串串珠玉。道元循着宏智的足迹，以一种欲与他相拮抗的意志，充分展示了自家底。今将两者做一比较，宏智似乎着眼于知，而道元让人感觉似乎更倾向于形。若将前者看作认识论，那么后者就可以被看作存在论。无论哪个，都是以坐禅、兀坐、非思量等为中心的，所以自然不可能看到像临济禅那样的马上将军，飒爽英姿，也不可能接触到马祖一喝，百丈耳聋三日[①]那样的情景。因为各自抖落自家的家丑，所以禅让我们了解到它内容的丰富性。

宏智的《坐禅箴》以知为主，是因为他想用“不触事而知，不对缘而照”这样的对句来阐发佛祖的要机，即坐禅的当体。不触事，不对缘，这都不是对象的。我们的分别识都被分为能所[②]两部分。这是分别之所以为分别的原因，若没有分别识，知识就不成立。但是禅所说的知不是指那样的知，而是在弃绝对偶的、不用个多限制的、不进入事的世界的地方发挥功用的知。这个知，道元做了如下解释：

“知者非觉知，觉知者小量也。非了知之知，了知者造作也。斯故知者，不触事也； 不触事者，知也。不可度量为遍知，不可局量为自知。云

① 出自《五灯会元》卷三《百丈怀海禅师》。“师再参，侍立次。祖目视绳床角拂子。师曰：‘即此用，离此用？’祖曰：‘汝向后开两片皮，将何为人？’师取拂子竖起。祖曰：‘即此用，离此用？’师挂拂子于旧处。祖振威一喝，师直得三日耳聋。”祖，即马祖道一。师，即百丈怀海。

② 能所——动作的主体与客体的关系。能，是能动，指施加作用于他者；所，是所动、被动，指被施加作用者。

其不触事者，明头来，明头打，暗头来，暗头打[①]，坐破娘生皮也。”

我想再没有如此清楚地阐明禅之知的文字了吧。这实际上也极尽委屈地描述了知之为何。“知者非觉知，觉知者小量也”，意思是说，禅之知不是被限制的。觉知是对面有物，而对于此物的知识，是通过平时所说的分别识而得到的认识。禅之知与分别识上的知识，其层次完全不同。所谓了知之知者造作也，就是说了知和觉知是相同的，其功用具有某种目的，具有作为性。它不可能像“不触事而知”的知那样可以叫作知而无知、无知而知——无分别之分别、分别之无分别。了知的了是了别，觉知的觉是念起。这自然是小量，有时还被认为是遍知。即使认为是遍知，对于遍来说，也有不遍与其对立。所谓遍与不遍，是只有加入大小远近等度量之后才被考虑的观念。无论怎么叫作遍，叫作整体，它都不能跳到度量之外、计较之外，它仍然具有局量性，从而具有造作性。禅的知不能是全知或遍知的知，而且禅的知也不是自知。自知相当于今天心理学家所说的自觉。自觉仍然是有对象的，受局限的，不能是无对象——不触事——不对缘的知。禅的知不是度量的限定，而是无媒介性。所以正如普化[②]所说的“明头来，明头打，暗头来，暗头打，四面八方来，旋风打，虚空来，连架打”那样，自由自在，哪儿都不滞涩的功用产生了。于是这个知在坐破受到时间、空间限制的这个娘生的面皮时，才开始照彻一切，所以坐禅被说是身心脱落、脱落身心。

宏智更是展开其意，说：“其知自微，曾无分别之思。”在此，他明确表示不是禅之知的分别。这自不必说。但是，道元的注释中却有略微不同

① 出自《五灯会元》卷四《镇州普化和尚》。镇州普化和尚“乃于北地行化。或城市，或冢间，振一铎曰：‘明头来，明头打。暗头来，暗头打。四方八面来，旋风打。虚空来，连架打。’”

② 普化——镇州普化和尚，传不详。《五灯会元》卷四《镇州普化和尚》：“师事盘山，密受真诀，而佯狂出言无度”。盘山，即盘山宝积。

的展开，就是将知变换为形。道元的“坐禅箴”与宏智的不同之处也在这里。宏智的着力点专在知上，反之，道元则点出山河之形。

“其知自微，曾无分别之思。思之知，未必借佗[1]力。其知者，形也。形者，山河也。此山河者，微也。此微者，妙也。使用，活泼泼地；作龙，不挂禹门内外。仅使用今之一知者，拈来尽界山河，尽力知也。山河之亲切若无我知，不可有一知半解。云云。”

说“其知自微，曾无分别之思”，又说“仅使用今之一知者，拈来尽界山河，尽力知也”，这是道元的创意。宏智没说到这个程度。“山河之尽力”“山河之亲切”等，按今天的思维方式，总觉得不顺耳，但是这里正是道元下大力气的地方。知和形不可分。如果不灭亡形的世界、个多的世界，那么知就不成立。知是无知的知、无分别之分别。但这个无知、无分别只有在个多的世界才有可能。而且个多本身只有等待无知的知，才能保住其存在性。不是一出自他，而是“未必借佗力”。但是，也不是说一又是他。这里有禅的知。因此知是知，也是形。道元的见地可以说就在这里。

宏智在鱼跃水中之处，在鸟翔天空之处看到知与形圆融无碍、回互自在的身影。道元的注释准确地传达出这样的消息。

“水清彻底兮鱼行迟迟。曰水清，能挂空中之水于清水不彻底也。况泓澄于器界，非水清之水。边际无崖岸，以之为彻底之清水。鱼若行此水，则非无行。行虽云进不知其几万程，却不测也，不穷也，无所量之岸，无所浮之空，无所沉之底，故无谁测度。欲论测度，仅为彻底之清

① 佗（音 tuó）——其他的，别的。

水。坐禅之功德，如彼之鱼行，谁某度千程万程。彻底之行程，举体之不行鸟道也。”

道元说，宏智的“彻底之清水”就是无底无涯无分别的世界。这个世界有分别的个鱼在游动。因为个鱼是无分别之分别，所以无论其游进几万程，也无可测度之物、之人。这样一来，如说个鱼是无，则“行此水，非无行”。于是鱼之个，又个又非个；行，又行又非行。彻底的清水“无所量之岸，无所浮之空，无所沉之底”。这便是“彻底的行程”，换言之，即“举体之不行鸟道也”。宏智的文本是“鱼行迟迟”。迟迟——极尽形容之妙。不说没踪迹，也不说遍界不藏身，而说鱼行迟迟。禅总是不离个多。

“不行鸟道”有如下之因缘。有僧问洞山良价——

僧：“师寻常教学人行鸟道，未审如何是鸟道？”

山：“不逢一人。”（遇不到任何人的地方就是鸟道。）

僧：“如何行？”

山：“直须足下无丝行。”（甚至连细细的丝线也不能带着。）

僧：“只如行鸟道，莫便是本来面目否？”

山：“阇梨[①]因什么颠倒？”（什么？这像什么话？）

僧：“什么处是学人颠倒？”（哪里不像话？）

山：“若不颠倒，因什么认奴作郎？”（如果不做点什么，又怎么视你是身份卑贱的人？）

僧：“如何是本来面目？”

山：“不行鸟道。”[②]（行在空中的鸟不留痕迹，但连这样的事都不做的

---

① 阇梨——亦作阇黎，梵语 acarya（阿阇黎）之略，意为师、高僧，也泛指僧人、和尚。

② 出自《景德传灯录》卷十五《筠州洞山良价禅师》。

人——他就是这样。）

道元对“空阔莫涯兮鸟飞杳杳”作如下解释，也就是说，仅仅前一句，就已经足够了，但喜欢对偶的汉人却很下功夫，鱼对鸟，天对地，山对河，白云对青山等，若不对称平衡，便不被人认可。但是，道元的注也很新鲜，颇具独创性，与前句呼应，具有启示性。

“云空阔，非挂于空。挂天之空非阔空。况彼此普遍非阔空。隐显无表里，是云阔空。鸟若飞于空，则飞空之一法也。飞空之行履非可借。飞空者，尽界也，飞空尽界故。谓此飞几十许，虽云不知，道取卜度之外之道取，杳杳道取也。直须足下无丝去也。空之飞去时，鸟亦飞去也。鸟之飞去，则空亦飞去也。向参究飞去之道取曰，只在者里也。是兀兀地之箴也。争谓只在者里几万程。”

大体上，鱼行、鸟飞是一样的，但这里特别引起读者注意的是鸟飞即空飞的思想。而且还说，此空飞即尽界之空飞。因此这个飞不是卜度计较的界限。若硬要道取之，则“只在者里”，只能不离此蒲团上。无分别之分别的姿态就是坐禅。坐禅就是大用现前。与鱼行迟迟相对，则是鸟飞杳杳。如果都没有深切体验，就不能有这样的表现。道元在此用对句“鱼行似鱼，鸟飞如鸟”。这肯定是道元苦思冥想出来的。禅者坐禅的姿态不可用近似坐禅来弥补。

道元的“坐禅箴”和宏智的《坐禅箴》的不同之处在第一组对句中就已经出现了。宏智说“不触事而知”，道元说“不思量而现”。现相对于知，更有存在性的意义。“不对缘而照”之中有“不回互而成”。照和成，如同前一句，让人读出了对峙。然后道元有对句“曾无污染”以及“曾无正偏”。这些与其说是知的，莫如看作具有存在论倾向的。“无委而脱落”确实反映了道元自身的身心脱落的体验。其个身不萎顿而脱落，以脱落身心且不回互地完成。“其证无图而功夫”，从坐禅的姿势看到修证不二。只管坐禅，不是证，其中必须有修，但修不是图证之后的修——功夫。在坐禅方面必须知道无计较、有计较。日用光中的行住坐卧、运用作为是无限的如去如来、无挂碍的兀兀地，而且其上有善有恶，有正有邪，有美有丑，因此因果历然，业的世界、历史的世界丝毫不顿坏。莫要误将坐禅当作无为的禅坐。

第二编

禅行为

禅离不开经验，即人们的日常生活，因为人类的经验一方面是行为，另一方面是思想。禅的主体是行，行即生活，所以禅是生活，是每天的体验，是日常的行住坐卧。禅的行为又被解释为无功用、无行之行、无用之用、无作之作、无求之求。

导论

无功用的行为 无作之作

禅以无分别之分别为宗，实际上禅如果离开了用就什么都不是。无分别之分别意味着行，是行的逻辑。也就是说，禅是用的逻辑。

如果说从逻辑上看，禅的终极经验是以无知之知、无分别之分别的形式形成的，那么禅也不过如此而已，似乎从中产生不出伦理和宗教。实际上也的确有人持这样的观点，宋儒即是如此。诸如“禅里没有规定日常活动的东西”“即使有高深的逻辑，卑微的生活如果仅靠这个也是无法维持的”，各种批判不绝于耳。从某个角度来看也确实如此，但事实上，绝不是这个样子。

为什么这样说呢？我觉得如果不是有知识的人，就修不了禅。虽然在没有学问的人当中，也有成为禅师的，而且学问有时反而会成为悟禅意的障碍，但是实际上，修禅还是对有知识的人更适合。无论何时，如果没有思想背景，视野就会变得狭窄，信仰就会减弱，人也会变得偏执，因而对社会也没有什么益处，更不能说真正拯救了自己。也许有人会说宗教是信，不需要知识，但事实并非如此。生而为人，知识、思想、反省是无论如何都不可或缺的。

禅以无分别之分别为宗，这不仅仅是逻辑上的。实际上，禅如果离开了用就什么都不是。无分别之分别意味着行，是行的逻辑。也就是说，禅是用的逻辑。无大机大用之处便无禅。如果认为谜一样的事物都是禅，如果不谈无知之知，就不能称之为禅，这就大错特错了。如果说禅在扬眉瞬目[①]、咳唾掉臂[②]、屙屎送尿[③]之所，那么我们必须说，料理天下国家之处自不必说，它也在各守其职、各尽其责之处。应该说，在政治上，在社会生活中，在各民族相互交往之中，都有禅的存在。

然而，禅不是针对每一个个化的事象都有固定的理论、思想和指导方针的。在处理具有固定前提的事件时，当事人因为各自的分别知而有不同的意见。禅所能给予的只是开动这些分别的思想的原理。这个原理被称作无功用或无功德。从知的方面来说，就是无知之知，或无分别之分别；而在行的方面，就是无功德之功德、无用之用。

---

① 扬眉瞬目——《敦煌变文集·降魔变文》："行如奔电，骤如飞旋，扬眉瞬目，恐动四边。"《五灯会元》卷五《药山惟俨禅师》，药山惟俨造访石头希迁。"便问：'三乘十二分教某甲粗知，尝开南方直指人心，见性成佛。实未明了，伏望和尚慈悲指示。'头曰：'恁么也不得，不恁么也不得，恁么不恁么总不得。子作么生？'师罔措。头曰：'子因缘不在此，且往马大师处去。'师禀命恭礼马祖，仍伸前问。祖曰：'我有时教伊扬眉瞬目，有时不教伊扬眉瞬目，有时扬眉瞬目者是，有时扬眉瞬目者不是。子作么生？'师于言下契悟，便礼拜。"

② 掉臂——典出《景德传灯录》卷三《第二十八祖菩提达摩》。"光闻师诲励，潜取利刀，自断左臂，置于师前。师知是法器，乃曰：'诸佛最初求道，为法忘形。汝今断臂吾前，求亦可在。'师遂因与易名曰慧可。"

③ 屙屎送尿——禅林常用此语表示日常生活皆可为禅之意。《临济慧照禅师语录》："屙屎送尿，着衣吃饭，困来即卧，愚人笑我，智乃知焉。"

无功德

与其说无用之用是保身的权宜之法，不如说是一种处世之道。实际上，它构筑了东方式的以及日本式的人生观的基本原理。

无功用，或无用，或无功德，都是禅的行为原理。禅想用它来激发我们所有的行为。“无功用”一词来自印度，本是梵语 anabhogacarya，传到中国后，演变成著名的达摩祖师的“无功德”。在此之前，曾有庄子的无用之用，但是，庄子的无用论和这里所说的“无功用”不同。与其说无用之用是保身的权宜之法，不如说是一种处世之道。佛教徒以及禅者的无功用则是从宗教意识的最深处生发出来的。我们不得不承认，实际上，它构筑了东方式的以及日本式的人生观的基本原理。

尽管人们对于达摩和梁武帝的对话在历史上是否确有其事尚存疑问，但以下被认为是两者之间交流的问答，实际上在思想上、行为上都给禅奠定了基础。梁武帝问：“对朕者谁？”达摩回答：“不识。”[①] 另有一则问答，梁武帝问：“朕即位已来，造寺、写经、度僧不可胜纪，有何功德？”达摩

① 出自《景德传灯录》卷三《第二十八祖菩提达摩》。“帝又问：‘如何是圣谛第一义？’师曰：‘廓然无圣。’帝曰：‘对朕者谁？’师曰：‘不识。’”

答："无功德。"[1]可以说，这里的"不识"是禅的思想或哲学，无功德是禅的伦理，是宗教。不识的逻辑是无知之知、无分别之分别。关于这一点将另作论述，这里简单谈一下无功德，即无功用的宗教、伦理。

无功用行为是不图回报的。虽说做这样的事情就会有这样的回报，但比起做事情来，更多地考虑回报，就不是无功用行为。更严肃点说，只考虑做事，不考虑任何其他的事情，就是无功用行为。如果已决定这件事就是现在应该做的，就只管做事，其他任何的利害得失都不在意，这便是无功用。

---

① 出自《景德传灯录》卷三《第二十八祖菩提达摩》。"帝问曰：'朕即位已来，造寺、写经、度僧不可胜纪，有何功德？'师曰：'并无功德。'帝曰：'何以无功德？'师曰：'此但人天小果，有漏之因，如影随形，虽有非实。'帝曰：'如何是真功德？'答曰：'净智妙圆，体自空寂，如是功德，不以世求。'"

超个我

宗教行为总是来自超越了个的地方，行为本身是建立在个的基础上的。但是个的行为必须来自超越了个的地方。

需要注意的一点是利害得失。这里是指行为者自身的利害得失，而不是自己所属的集团的利害得失。宗教行为总是来自超越了个的地方，行为本身是建立在个的基础上的。因为这是不得不如此的，所以这一点是不可否定的。个就是一个严肃的事实。但是个的行为——仅限于宗教的——必须来自超越了个的地方。甚至在分别逻辑方面被看作以个为基础的行为的事物，它的行为的主体也必须有超越个的意识。宗教行为中总是有这种超个的意识。超个的意识就是无分别之分别，它是不求回报的，而且不以个为目的论的实体。个是有，是不容抹杀的。但是，个是因超个而有的，不是作为个本身独立存在的。但这并不是将个视为虚幻。只要一切行为都是个的行为，那么个就是有，不是无。

个的行为不是物理的、机械的、蚁蜂集团式的、本能反射性的行为。个的行为具有基于自由意志的创造性。这里有人的尊贵和威严。因为作为个是自由意志的主体，所以人们才有可能意识到超越自己的东西。而且因为这一意识，人们才能对于各自的行为负起责任。不是将超个的主体的意志本能地、反射性地付诸行动，而是必须彻底觉悟到其与作为个的自己的意志上的矛盾，并在奉献自己的地方认识人性。这应该说就是作为人的自由性、创造性，以及作为个的存在性。在没有这样的特性的地方，可以有蚁群、有蜂群，但是却不能有人的群体生活。

超个者的意志不会自我实现，他必须通过个者。但是个者不是实现前者目的的简单机器。个者作为自由意志的拥有者，根据自己的判断来表达超个意志。个者作为个者无论在哪里都必须是自由的。选择的分别知与其结论的实现必须建立在个者之上，因为这是个之所以为个的原因。

个与超个的矛盾

这个矛盾在行动上总是呈现为悲剧，是无法脱却、永远延续的。

个与超个是一对矛盾。这个矛盾是无法脱却、无法消解的。将矛盾作为矛盾而全然接受就是脱却，就是消解。般若的逻辑称其为“即非”。

因此，即非的逻辑，亦即无分别之分别，在行动上总是呈现为悲剧。它呈现为喜剧则是在脱离开行动，能够纯粹地采取知的立场的时候。人类的现实生活一般是悲喜剧交替上演，这里也承认人的自由性。

所谓为国捐躯，所谓为他人献身，从超个者自身的角度来看——如果这样的事情被人们提起的话——这是不成问题的。而且从个者的心中激荡着的超个的意志来看，这也是理所当然的，是不该说三道四的。当事人自不必说，即使在其所属集团的其他人看来，杀身成仁也应是顺理成章的，完全没有必要为此而悲伤。但是，实际看到这样的事情时，人们不会拍手叫好，只会垂首低泣。为什么要哭泣呢？人类社会中有个词语叫作悲壮。从行为角度来讲，逻辑上的矛盾就是悲壮，或是忠烈。只要听到这样的词汇，人就是个，就是自由，就是创造性的。

封建社会讲义理和人情。人情属于个，义理则是超个者。也许今天还会使用别的词汇。虽然词汇在各个时代不尽相同，但是行为上的矛盾，即悲剧却是永远延续的。可以说人是为了哭泣而生的，这又叫人类的业。

矛盾与戏剧

将自己的行为与自己脱离，一边欣赏蕴含其中的所有矛盾——悲剧，一边笑和哭。人生的谜团只能这样消解。

超个者为什么要通过个来实现其意志呢？个是作为个的自由意志的拥有者，可为什么还必须顾及超个者的意志呢？不知道。只好说不识。禅者也说不会，也说“问取露柱”[①]。这样的疑问真的回答不出。之所以如此，是因为这是从不能彻悟即非逻辑之处产生的疑问。个的性质原本就是这样形成的。山就是山，除了把原样肯定为原样，再没有其他办法了。无论怎样，科学地从分别意识的角度加以分析，也不能从最初的一步向外跨出分毫。

在说个时，就已经有矛盾了。即使说超个，也是一样。说出第一句，就已经陷入第二句了。如如已经不是如如。这就是人类。反省、批判、分析、记忆、比较，当这些成为可能的时候，悲剧就开始了。为什么超个者的意志和个者的意志之间会起冲突？会互殴？即使问到这个问题，讨论也不会有结果。能够给它一个了断的是戏剧的创作者。因为逻辑上怎么也消解不了，所以就将矛盾原封不动地搬上舞台。将自己的行为与自己脱离，

① 出自《景德传灯录》卷十四《石头希迁大师》。“问：‘如何是西来意？’师曰：‘问取露柱。’曰：‘学人不会。’师曰：‘我更不会。’”师，即石头希迁。

一边欣赏蕴含其中的所有的矛盾——悲剧，一边笑和哭。人生的谜团——假如是这样的话——只能这样消解，更无其他办法。

这样做，既无所谓坏，也无所谓好。柳绿花红[①]，云在岭头闲不彻，水流涧下太忙生[②]。

① 出自《五灯会元》卷八《酒仙遇贤禅师》。酒仙遇贤禅师“偈曰：‘……秋至山寒水冷，春来柳绿花红。一点动随万变，江村烟雨蒙蒙。’”

② 出自《五灯会元》卷二十《梁山师远禅师》。梁山师远禅师颂云：“三脚驴子弄蹄行，直透威音万丈坑。云在岭头闲不彻，水流涧下太忙生。湖南长老谁能会？行人更在青山外。”

超个的逻辑

超个无论如何也必须通过个才能实现其意志，但这并不意味着超个要借助个。二者的关系既不是超越，也不是内在。

超个者只有通过个，才能实现其意志，这就意味着超个者不能作为其自身而存在。超个作为超个而存在，就不再是超个了。正因为如此，它不能拥有自身的意志。超个无论如何也必须通过个，这并不意味着超个要借助个。假如要借助，超个就会降到个的地位，就成为个多的一。超个就是超个，它既不在个之外，也不在个之内。超个与个的关系既不是超越，也不是内在；既不是因超越而内在，也不是因内在而超越。

超个作为超个，而原封不动地成为个多；个多作为个多，而原封不动地成为超个。这种关系，在一般逻辑当中是说不通的，但现在无论如何也只能这样认为，因此必须重建逻辑，以使其通顺。

如果从个开始展开，那么若不考虑超个，个多的存在便不可能。所谓个多，只有看到非个多时，才能叫作个多。这并不是说非个多因存在于其内部或外部，个多才能是个多。如果说到外部和内部，那么被称作外部和内部的东西也必须以个的姿态来接受。这只是逻辑上的要求，并不是空间上和时间上的超越、内在吧。这么说来，个多也是逻辑上的要求，却不知道哪一个要求来要求哪一个要求。

因此，无论如何都要像禅者所说的那样，必须通过根源性的禅经验。若从这一点展开，就能理解个多的意志在怎样的意义上成为超个了。所谓理解，未必是哲学意义上的理解，只是希望能浅显地明白。从哲学的角度赋予这个明白以逻辑性，这样的任务可以完全交给专家来做。

无功用行为

一切行为都出自个多，但当个多各自的主体是无分别之分别时——贯彻到自觉时，其行为就成为无功用性的了。

作为个多的自己的意志被无功用地付诸行动，这是什么意思呢？不考虑回报又是怎么回事呢？只要是个，就会有因果，且不得不被因果的分别所束缚，换言之，每一个行为一定有与其相应的业报。正如一切行为都是个一样，这些业报也是个的。可以说无功用行为是不可能的。无功用行为，是一个自身充满矛盾的词语。

无功用，按世间一般的语言来讲，就是不客观地、目的论地伴随着行为本身来思考行为的效果。这怎么可能呢？一切行为都出自个多，但当个多各自的主体是无分别之分别时——贯彻到自觉时，其行为就成为无功用性的了。当它贯彻到无分别之分别的自觉时，个便失去了作为个的性质。但却由此而产生其为超个者的意识。当个作为个而成为超个的时候，这个个就使一切行为变成无功用的了。“变成”听起来有故意的含义，但这却是自然而然的。

这时，个不是工具，而是自由意志的主体；不是本能的、反射性行为的能动者，而是自我控制自己、主宰自己的创造者。这个人的每一个行为不是机械性的重复，或者昆虫式的自动装置，而是自由的人类的行为。在其中起作用的原本就是个，但是这个个是超个，换言之，它既是个，又不是个，也不是个之外的任何东西，却在这里显露出独特的面目。而与此同时，他又以超个的意志发挥作用。超个将其意志作为其特定的个的意志，通过意识，通过手足、躯干来实现。这既不是没我，也不是灭私，而是个的意志的自由的肯定。这就叫无功用行为。宗教式的人生就从这里开始。灭私、没我这些消极性的东西当中还看不到超个性，其行为当中伴随着一种无理，还不能理解为今人所谓“个人主义”。

哪个是梦幻

作为感觉对象的个多不是梦幻，超个才是梦幻或概念。但是如果反过来，立足超个看个多，就会发现个多具有更多的梦幻泡影性。

综上所述，你会觉得超个者似乎带有一些梦幻色彩吧。确实如此。作为感觉对象的个多，它是实在，不是梦幻。从这一立场来看，超个只是梦幻或概念。但是如果反过来，首先将立场置于超个之上，然后再看个多，你会发现，个多反而具有更多的梦幻泡影性。依照我们的经验，不把什么叫作什么，就将个看成现实，将超个也看成现实。因而在两者之间，矛盾以其严峻的现实性，表现在人们日常生活的表面。

“我在”中的我，应该看作个，还是应该看作超个？从自觉本身来看，既可以说两者都是，也可以说两者都不是。作为自觉的主体，但是如果再加上某种分别，就不得不说是个多，不得不说是超越个多的东西。但是，只要承认自觉的主体，就已经有了分别。因此必须要说这就叫作无分别之分别。

只要分别，矛盾就是当然的归结。但是无分别不是从头到尾都是无分别的。无分别应当被分别，而且这个分别还必须经常反思无分别。般若哲学中的“色不异空，空不异色，色即是空，空即是色”[1]其实已道破这一逻辑性的交叉叠加性。禅家如此唱道：

“色空不二法门里，跛鳖拂眉立晚风。”

这让人越发觉得不明所以了吧？而无功用行为其实就出自这不明所以之处，也可以说过分明白了个多的世界。既可以说超个楔进个多里，也可以说个多抛弃自己，让出了舞台。

宗教行为，无论如何都是在得到一次针对这种境界的自觉之后。

---

① 出自唐·玄奘《般若波罗蜜多心经》。

超个与无我

明白我是没有的并不能产生无功用行，还必须从我被破除之处产生超个并发挥作用。因此，菩萨不彻底消灭烦恼。

佛教徒说，去我执。所谓“我”，从一开始就是无。因为执着于此，所以有了一个接一个的牵挂，就像一脚踏进泥沼里，再也动弹不得。佛教徒告诉我们，去我，也就是说要知道我是没有的，于是自然而然地由此产生净行[①]。这就是佛教的无我观。

无我观也很不错了，但是这之后还不能产生无功用行。无我还在分别线上徘徊。真正的宗教行为，必须是在突破这条线之后。换言之，必须体悟到无分别之分别，猛冲到没有因果业系的地方。没有因果的地方就是没有回报的地方，那里有“心无挂碍”[②]的世界，是打开“无碍一道”的地方，是“举头残照在，元是住居西”，是所谓自然法尔，是无功用行为。

如果只有个多的生活，那么在经济、政治、科学之外就什么都没有了。无我给了我们对这种生活加以反省的机会，但却有不会更多出现之虞。如果只耽于退隐独善的、罗汉式的、出世的生活，就会失去作为人的全部生

① 净行——行为清净，不行淫事。

② 心无挂碍——内心没有任何牵挂。唐玄奘《般若波罗蜜多心经》：“依般若波罗蜜多故，心无挂碍。无挂碍故，无有恐怖。”

活的真义。罗汉式的人生也未必应该后退，在如今这样的世界，它确实具有清凉剂的功用。但是人需要某种积极性的东西。不仅是需要，还要从我被破除的地方自然而然地出现超个。它必须发挥作用，但是即使想单靠死去的个来唤醒它，也是无计可施的。个必须作为个来生存，因此菩萨不彻底消灭烦恼。烦恼即菩提，要灵活使用烦恼。这就是与小乘相对的大乘的立场。

所以，白隐[①]说：

一切众生生灭心，
直维诸佛大涅槃。
木鸡含卵立棺木，
瓦马逐风归本贯。

① 白隐——白隐慧鹤，日本江户时代中期的禅僧，临济宗中兴之祖。

无功用

无功用就是无作之作、无知之知，作出自个多，当其从超越个多之处觉悟到行为力量的源泉之时，作就成为无作之作。

“无功用”是印度式的。基督教有这样的说法： 不要让右（左）手知道左（右）手所做的事情； 今天的事情今天做完，不要为明天的事情烦恼。虽然表述的语言不尽相同，但所要表达的意思却是一样的。只是根据述用语的不同，可以看出各民族思维方式的特性。

无功用又被称为“无作之作”，从逻辑角度来说，就是无知之知。无作之作构成了印度式的行为观及人生观的中心思想，因此《薄伽梵歌》——印度人的圣经——的基调也是无作之作。所谓无作之作，就是个多以自身的自由意志、创造意志，无拘无束地践行超个的意志。超个的意志不靠其自身来实现。可以说，只要不实现，就只是梦幻性的东西而已。可以说就是无为无作。可是，一旦反映在个多的意识上，就会依据其映照的强度或浓度来驱使个多，变成行为，即变成有作有为。个多在感觉到如同自己就是自由意志的所作的同时，也觉悟到其力量的源泉在自己之外。换言之，从这觉悟之所看其行为，就是无作之作。作出自个多，但这个作在超越个多之处后不可能感觉不到它的发生地，这个时候，作立刻就是无作，就是无作之作。

无作之作——无功用的行为——被称为“狮子颦呻三昧”，或“狮子奋迅三昧”。

三昧

能够走进三昧，也能够走出三昧——这是人的特权，无论命运多么悲惨，一旦彻悟了无功用行为的妙处，就能补偿一切。

“三昧”是梵语samādhi的音译，一般译为正受，但通常用“三昧”原词。三昧是正确地接受的意思，是指观与被观、主与客、能与所、我与对境，两镜相对，其间没有影像的关系。若让禅者来说，就是胡来胡现，汉来汉现[①]。美术鉴赏家沉浸在美丽的作品中，既没有自己，也没有作品的创作者，只有成为美本身的境界，这就是三昧。

据说希腊有一位雕刻家，每当完成雕刻作品后，他都会在其面前礼拜。这就是进入了无作之作的妙境。他在通过自己而成为现实的超个的美神面前跪拜，从某种意义上来说，他就是一个机器，但同时他也是一个人，是个。因此，他敲打下去的一个个凿斧的痕迹全部都出自作为个的他的意识。但是以无意识的意识来指导全部意识的，是他的超越了个的东西。他所试图实现的对象和他都正在受着，都正在胡来胡现、汉来汉现。他刀刻斧凿

① 出自《景德传灯录》卷十《赵州观音院从谂禅师》。“师自此道化被于北地，众请住赵州观音。上堂示众云：‘如明珠在掌，胡来胡现，汉来汉现。老僧把一枝草为丈六金身用，把丈六金身为一枝草用。佛是烦恼，烦恼是佛。’时有僧问：‘未审佛是谁家烦恼？’师云：‘与一切人烦恼。’僧云：‘如何免得？’师云：‘用免作么？’”师，指赵州从谂。

的每一下凿刻都是这三昧的境界，但是当整个作品完成，作为一件全新的对象站立在他的面前的时候，他才返回并面对着自己的个。超个是个吗？个是超个吗？无作之作，作之无作。无分别之分别，分别之无分别。他就像一个觉悟者匍匐在自己的作品前。这里有人，有非草非木的、非猫非犬的、非蜂非蚁的人。

能够走进三昧，也能够走出三昧——对于神来说，这是不可能的。这是只有人才能享有的特权。可以说，只要能觉悟到这种特权，就有了生而为人的价值。无论人的命运有多么脆弱，多么悲惨，多么无情，一旦彻悟了无功用行为的妙处，就能补偿一切，而且还绰绰有余。一念之念佛而百千万亿劫的罪业消亡，也是这个意思吧。

道德的与宗教的

宗教性的超个可以摄取道德，但道德性的超个却通过将自己纳入宗教之中而得以保全自己的真实性。

对于道德性的行为来说，总有许多受限制的东西。从充分的意义上看，就是不能实现超个。如果怎么也进入不了宗教式的人生，这也是不可能的。这两者并不矛盾。穿衣吃饭既是宗教行为，也是人类生理的、生物的、社会的行为。矛盾或冲突以穿衣吃饭为先，并产生在将要埋没其中的宗教意义的时候。穿衣吃饭就是穿衣吃饭，不谈更多的东西，也不特别谈及宗教意义，仅此而已。饿了就吃饭，冷了就加衣，这就足够了。但是，一次也没有触及或没能触及宗教意义的人试图要否定其中的宗教意义时，悲剧就发生了。

如果将宗教性行为和道德性行为加以区分，并在其间掀起什么波澜，那么掀起波澜的人一定未能领会道德性行为之外或者之内含有宗教性意义。能够认同个多的世界中具有宗教性意义的人们，能够进入受限制的道德性的世界。因此，要用宗教性认识的眼光去看待这个世界的万象。宗教和道德的矛盾自然而然也会被消解。

道德性的超个不能像宗教性的超个那样是无限定的，它总会划出一些界限，并在其中观察自己。因此，宗教性的超个可以摄取道德，但道德性的超个却通过将自己纳入宗教之中而得以保全自己的真实性。在与之相反的场合，道德的永久性、普遍性、真实性是不成立的。道德变成地方性的、暂时的、机会性的、即兴的，有时甚至还带有非常的危险性。

由此可知，对于各种经验，必须加以知的批判。

狮子鞶呻三昧

狮子奋迅三昧，不论在哪里都是三昧本身，都是正受。

据说在佛教中，三昧有百千亿无量的三昧。确实如此。仅人类的行为，如果一个一个数下来的话，也是无量的吧。但是在不一一细数，而是分成几种类型的时候，就被摄取在个人的、社会的、人类的等寥寥几个部分当中，而且都有贯穿人类一切行为的根本性的东西。这就叫“狮子鞶呻三昧”，或“狮子奋迅三昧”。在得到三昧的时候，那人的行为就变成无功用的，也可以说是无作之作。说到无功用、无功德、无作、无为，听上去非常像小乘的、罗汉的、出世的、非社会性的事物，可被认为是与这个世界的人性的行为没交涉[①]的。然而说起狮子奋迅，则与战国时代[②]的武士相符，充满所谓攻击性的精神。但是，佛家及禅者所说的狮子奋迅三昧不是形相上的。因为是所谓三昧，所以是心上世界的事情。无论是战时，还是平时，

① 没交涉——语出《五灯会元》卷九《沩山灵祐禅师》。“僧问：‘如何是道？’师曰：‘无心是道。’曰：‘某甲不会。’师曰：‘会取不会底好。’曰：‘如何是不会底？’师曰：‘只汝是，不是别人。’复曰：‘今时人但直下体取不会底，正是汝心，正是汝佛。若向外得一知一解，将为禅道，且没交涉。名运粪入，不名运粪出，污汝心田。所以道不是道。’”师，指沩山灵祐。

② 战国时代——日本的战国时代，一般指15世纪后半期至16世纪末或17世纪初，起于应仁之乱。

无论是着衣吃饭时，还是决定国家大事时，抑或是在为人类集团的生活寻求利用厚生[①]的方法的时候，这一切都靠三昧的力量发挥作用。这样一来，表现在个上的行为就都是无功德、无功用，变成万人敬仰的事情，成为经百世而不变的天地大道。但这不是行为者本人所说的，不过是由周围的人或者后代人来评判的而已。狮子奋迅三昧，不论在哪里都是三昧本身，都是正受。

僧问云门："如何是清净法身？"

答曰："花药栏。"

这一段是非常有名的公案。"花药栏"是什么？据说是厕所的篱笆，而实际上可以是任何东西。

"便恁么去时如何？"

这是接下来的发问。花药栏是知的。但仅凭这一点还不够，还必须将他的理解得以在实践方面实现。这便是"恁么去时"。云门答曰：

"金毛狮子。"[②]

这里的"狮子"就是狮子奋迅三昧的狮子。清净法身在花药栏可以得到静寂无为，但之后也许不能产生大机大用。大机大用不是不在那里，它在是在，但如果不推动问者的认识，他就会沉入清净之境。因为这不是普

① 利用厚生——意思是物尽其用，使人民富足。《尚书·大禹谟》："正德，利用，厚生，惟和。"

② 出自《五灯会元》卷十五《云门文偃禅师》。

通的狮子，而是金毛狮子，所以不消说，奋迅的三昧其实也很不寻常。

“百亿毛头狮子现，百亿毛头狮子吼”，这似乎是骇人的光景，但从无功用的境地来看，全都是不消一捏吧。

临济之喝

无论四喝、五喝，还是十喝、二十喝，在受喝之人心中都是“不作一喝用”。所以在说无功用行的时候，不应忘记要以行者本人的心境为主。

临济禅有四喝：

“有时一喝如金刚王宝剑。
有时一喝如踞地师子。
有时一喝如探竿影草（偷盗的手段功夫）。
有时一喝不作一喝用。”①

如果这样分开来看，似乎有四喝、五喝，乃至十喝、二十喝，但是因为它在受喝之人的心中，所以从喝本身来说，总是“不作一喝用”。《临济录》序文的作者马防虽是拥有显赫官位之人，但在禅方面似乎也有一只眼，在序文的末尾写道：

① 出自《五灯会元》卷十一《临济义玄禅师》。

“唯余一喝，尚要商量。具眼禅流，冀无赚举。”

这里余下的一喝毕竟只是不作一喝用的喝。总之，这样的一拶[1]是他给予的。

但是从那个人来看，那是所谓不作一喝用的、就像河童[2]之屁一样的东西，如金毛狮子一般跳将过来。狮子奋迅三昧的三昧被看作蹲踞在三昧的东西，但是奋迅的狮子实际上被以为是面对从三昧溢出的东西站立着的。

金刚王宝剑亦是如此。挥舞宝剑的人似乎是要斩断长空的人，而在接受者这里却觉得其实是在粉碎个多性。

宗教行为中经常会有“不作用”的东西，这是无作之作。而对于接受者来说，反而觉得有掀天动地的功能。仿佛在所出之处传出空谷之音，但在其响声之处却有百雷一时落般的情趣。所谓“妙应无方，不留朕迹”，说的就是无功用的宗教行为所出之处。因此在说无功用行的时候，不应忘记要以行者本人的心境为主。

---

① 拶（音 zā）——逼迫。禅林多用“一挨一拶”表示学人与禅师互以语言、动作，或强或弱地推挤问答，作为勘验对方悟道之深浅。

② 河童——日本传说中的妖怪，生活在水中。河童之屁，河童在水中的屁没有势头，喻不足取。

羚羊挂角

羚羊以自己的方式做的无目的性的行为就是无功用行，也就是在超越分别的地方产生的无功用行。

禅语中有“羚羊挂角[①]”一说。羚羊名字叫羚羊，但羚羊自己不知道。据说这种动物在晚上睡觉时会把角挂在树枝上。于是我们用它来比喻没踪迹，即无功用行为。没踪迹就是不留痕迹之义，所以是无目的的。在超越分别的地方产生的行为即为此。狮子奋迅三昧就是羚羊挂角。狮子和羚羊都是巧妙的比喻，但在这里不是狮子吃羊，也不是羊恰当地把狮子抛掷在树上，与这些故事毫无关系。羚羊以羚羊的方式行没踪迹的无功用行，狮子以狮子的方式行奋迅三昧的无用功行。

下面的故事不是狮子和羚羊，而是猎犬和羚羊。这样一来，就有意思了吧。

有一次，云居道膺上堂，说：

“正巧某人拿出三贯钱买了一条出色的猎犬。这只狗追踪其他动物，给

① 出自《景德传灯录》卷十六《福州雪峰义存禅师》。“问：‘吞尽毗卢时如何？’师曰：‘福唐归得平善否？’师谓众曰：‘我若东道西道，汝则寻言逐句。我若羚羊挂角，汝向什么处扪摸？’”师，指雪峰义存。

猎人领路。但是，因为羚羊把角挂在树枝上，所以猎犬无法寻得其踪迹。不仅如此，连羚羊在哪儿、如何生存的消息也无处可寻。”①

这是一则伊索寓言式的故事。一个叫云水的和尚听了云居的话后，问道：

“羚羊挂角时如何？”

这个故事原本试图暗示宗教行为的本质就在无功用、无功德、无目的论的、三昧的、不知不会的、我不识佛法的地方。好猎犬只是灵巧地追逐分别性的功德和合目的论的计较，除此之外，再拿不出更多的本事来。但是，若要真正成为宗教性的，就必须认识一下个多的超越分别世界的地方。道膺将一度踏入超个界比喻为羚羊挂角。因此，这个僧人所问的，与“超个界的消息如何”有着相同的旨趣。宗教的无功用性由此而出。道膺说法的沉稳之处也在这里。他立刻答道：

“六六三十六。”

无功用行为不能以数学方式解答，也不是出自于数学的，但道膺的回答却都是数字。僧人进一步问道：

“挂角后如何？”

① 出自《五灯会元》卷十三《云居道膺禅师》。“上堂：‘如人将三贯钱买个猎狗，只解寻得有踪迹底。忽遇羚羊挂角，莫道踪迹，气息也无。’僧问：‘羚羊挂角时如何？’师曰：‘六六三十六。’曰：‘挂角后如何？’师曰：‘六六三十六。’僧礼拜。师曰：‘会么？’曰：‘不会。’师曰：‘不见道无踪迹。’”师，指云居道膺。

在弄不懂无分别之分别的时候，从一开始就向分别一边倒，再不能更进一步。这是我们普通人的“常识”经验。这个问道的禅僧想知道没踪迹的消息。但是道膺的回答与前面一样，答曰：

“六六三十六。”

我们必须看到，在六六三十六这一乘法口诀当中，羚羊挂角时和挂角后，踪迹的有无已不再是问题。那么为什么还要说无功用，道无分别呢？这是隐藏在人类的认识中的矛盾。“拟向即乖，不拟争知是道”①，这是处在进退维谷的境地。“将心用心，岂非大错？”我觉得由此才开始倾听禅者的言说。他不说前后，不说然否，不分析，不分别，而且昨天六六三十六，今日也是六六三十六。这就是没踪迹。宗教式的无功用的行为由此而出。

问道的僧人听到道膺这样的回答，便施礼而退。这时，和尚问：“会么？”因为实在搞不明白，所以僧人就照直回答：“不会。”和尚曰：

“不见道，无踪迹。”

意思是“我没说吗？没有踪迹”。就是说无分别之分别，不留分别的痕迹。这在行为方面的词汇就是无作之作。从知性方面来说，因为是无知之知、不会之会，所以当面问道的禅僧的不会，也可以理解为不会之会。

但是，这个问道禅僧不能走出分别上的不会，所以离开云居之后去了赵州那里，用同样的话问从谂和尚，赵州说：

---

① 出自《五灯会元》卷四《赵州从谂禅师》。赵州从谂“问泉曰：‘如何是道？’泉曰：‘平常心是道。’师曰：‘还可趣向也无？’泉曰：‘拟向即乖。’师曰：‘不拟争知是道？’泉曰：‘道不属知，不属不知。知是妄觉，不知是无记。若真达不疑之道，犹如太虚，廓然荡豁，岂可强是非邪？’师于言下悟理。”泉，指南泉普愿。师，即赵州从谂。

"云居师兄犹在。"

这就像在说"那个家伙还没有糊涂呢"。于是，问道禅僧又问赵州：

"羚羊挂角时如何？"

赵州回答：

"九九八十一。"

再问：

"挂角后如何？"

赵州回答：

"九九八十一。"[①]

云居答的是"六六三十六"，赵州的是"九九八十一"，两者都是用数字道尽无功用行为的产生原理。用分别知来道取分别的境地，这不是不可能的，但一旦进入超个多的领域，就不可行了。要想获得无功用行，无论如何也必须哪怕有一次离开分别境，必须离开后再返回。想要把握这种往来的、圆环的、回互的消息，并给予其表现性时，六六也好，九九也好，八八也罢，乃至三八九也罢，都可以，但——也不一定是数字——除了使

① 出自《五灯会元》卷十三《云居道膺禅师》。"其僧举似赵州，州曰：'云居师兄犹在。'僧便问：'羚羊挂角时如何？'州曰：'九九八十一。'曰：'挂角后如何？'州曰：'九九八十一。'"

用这种无理会的文字，再没有别的办法了。这就是所谓“无孔铁槌当面掷”[①]。并不是特别喜欢使用无意义——分别知上的无意义——的语言。从哲学角度来逻辑化这一思想性立场，就是另外的问题了。自古以来的禅者创造了禅所特有的表现方法。

“无处有月波澄，有处无风浪起。”[②]

这是极其矛盾的表述，在分别知上说不通，但从无分别之分别这一立场来看，却清晰地诠释了无功用行的心。禅录中随处可见这样的句子。古禅者也是文学家，他们试图在其自身的境界中赋予文学性的表现，而且也的确发挥了他们的才能。其中有一则如下：

竹影扫阶尘不动，
月穿潭底水无痕。[③]

镜花水月之类也不过就是这个意思。禅意识沿着可称作东方民族心理的轨迹，向文学性表述的方向挺进。在日本，修禅的第一步是要学习很多文学性的美词丽句。相信今后的发展大概会在思想方面。我确信应该如此。

---

① 语出《月江正印禅师语录》。

② 出自《碧岩录》卷十第九十五则雪窦颂古。“头兮第一第二，无处有月波澄，有处无风浪起。棱禅客！棱禅客！三月禹门遭点额。”

③ 出自《五灯会元》卷十六《云峰志璿禅师》。“上堂：‘声色头上睡眠，虎狼群里安禅。荆棘林内翻身，雪刃丛中游戏。竹影扫阶尘不动，月穿潭底水无痕。’”上堂，指云峰志璿。

驴事未去马事到来

每天都有接连不断的琐事，这就是我们的日常生活。只要被“驴事未去，马事到来”驱使，就成不了无功用。

云水僧从云居道膺处去了长庆[①]那里，问道：

“羚羊挂角时如何？”

长庆答：

“草里汉。”

僧继续问：

“羚羊挂角后如何？”

“乱叫唤。”

① 长庆——长庆慧棱，唐末五代僧人，浙江盐官人，俗姓孙。13岁出家，历参灵云志勤、雪峰义存、玄沙师备等师，后住福州长庆院。

这样的回答可以理解为任何意义。可以理解为对问者的回答，也可以理解为从旁观者角度来评判询问者的境遇。无论怎样理解都可以，关键是下面的问答。因为客观地来看无功用行为，可以发现对问者的日常生活的写照。

云水僧更问："毕竟如何？"

长庆答："驴事未去，马事到来。"①

这句话经常出现在禅录中，在这里可以理解为"一件一件，每天被各种事情所驱使"。早上起床还没来得及洗漱，客人就来了。小心接待也好，敷衍了事也罢，总之这件事刚处理妥当，下一位又来了。邮递员送来来自各地的书信。不能不读报纸。还有亲戚、朋友的事情，还有衙门里的工作。还必须要读书。如果不收拾庭院，草就疯长，花也不开了。这些就是驴事马事。每天都有接连不断的琐事，这就是我们的日常生活。麻利地处置各种事情的地方就是无功用的人生。但是，如果在哪里被牵绊住，就不会这样爽快了。纠葛、纠缠、挂心、跌倒——事事都让人烦心。不是利用十二时②，而是被十二时所利用。

有僧问赵州从谂：

"十二时中如何用心？"

---

① 出自《五灯会元》卷十三《云居道膺禅师》。"又问长庆：'羚羊挂角时如何？'庆曰：'草里汉。'曰：'挂后如何？'庆曰：'乱叫唤。'曰：'毕竟如何？'庆曰：'驴事未去，马事到来。'"卷七《长庆慧棱禅师》，长庆慧棱"后参灵云，问：'如何是佛法大意？'云曰：'驴事未去，马事到来。'"

② 十二时——古时的十二个时辰。一个时辰相当于今天的两个小时。

从谂曰：

“你被十二时使，老僧使得十二时。你问那个时？”[①]

只要被“驴事未去，马事到来”驱使，自己就成不了主人翁。结果是“时”在身外，自己总是面对着它。“你问那个时？”既然已经感觉到有什么东西从后面逼近自己，那么自己就总是抱有一种压迫感。这就是“时”。就成不了无功用。与之相反，使用十二时的人，却不是只盯着表盘。临济说“随处作主，立处皆真”，但能使用十二时的人一定是体悟到真的人。无功用行为——换言之就是“立处皆真”的行为。这样说，对不按禅的表现形式习禅的人来说，会容易理解一些吧。

真是知性的。如果读作“makoto”（诚），便成为伦理的实践性的。如果更进一步，改叫作“不欺之力”，便会产生心理的、宗教性的反响。如果全都从禅经验的角度来看，那么仅靠这个就因“道也太煞道，只道得八成”[②]，而略感不足。我真想随处抓住主体。禅是怎样做的呢？看一看下面的例子吧。

---

① 出自《五灯会元》卷四《赵州从谂禅师》。“问：‘十二时中如何用心？’师曰：‘汝被十二时辰使，老僧使得十二时。’”

② 出自《五灯会元》卷五《道吾宗智禅师》。“道吾问：‘大悲千手眼，那个是正眼？’师曰：‘如人夜间背手摸枕子。’吾曰：‘我会也。’师曰：‘作么生会？’吾曰：‘遍身是手眼。’师曰：‘道也太煞道，只道得八成。’吾曰：‘师兄作么生？’师曰：‘通身是手眼。’”道吾，即道吾宗智。师，即云岩昙晟。

按剑者

个多全都被砍到，但是无法砍倒的是通过自己这个个来发挥作用的超个。只要自己是自己，就不会变成其他人。

有僧来到曹山本寂[①]处，问曰：

“国内按剑者谁？”

这不是在谈论军人，而是指“两头俱截断，一剑倚天寒”[②]的剑。如果是文殊菩萨拿着，就是般若的智剑，是活人剑，不是杀人刀。活人剑只有将人杀尽，才会光芒四射。但此剑必须执在某人的手中，必须人剑合一。因此才问“是谁”。曹山曰：

① 曹山本寂——曹洞宗二祖，俗姓黄，福建莆田人。19岁在灵石山出家，后住曹山（旧名荷玉山，因思曹溪六祖惠能而改）。有《抚州曹山本寂禅师语录》二卷传世。

② 两头俱截断，一剑倚天寒——语出元代僧人明极楚俊。俗姓黄，宁波人。12岁在灵岩寺出家，1329年渡日，后醍醐天皇赐号佛日焰慧禅师。著有《明极和尚语录》。1336年，楠木正成出战前拜谒禅师，问：“生死交谢时如何？”禅师答曰：“两头俱截断，一剑倚天寒。问落所作么生？”禅师震威一喝，正成三拜，通身汗流。禅师曰：“善哉，善哉。汝彻底。”正成谢曰：“若不与和尚相见，不能得此快事。”翌日，军不利，正成遂自刃。

“曹山。”

剑握在曹山手中。曹山和剑融为一体。曹山就是剑本身。僧曰：

“拟杀何人？”
“一切总杀。”
“忽逢本生父母又作么生？”
“拣甚么？”
“争奈自己何？”
“谁奈我何？”
“何不自杀？”
“无下手处。”[①]

如上，听上去完全是杀杀伐伐的话语，但到底说的是什么？我觉得，稍微思考一下就会明白。个多全都被砍倒，但是无法砍倒的是通过所谓自己这个个来发挥作用的超个。对此无法下手。不能亲自去杀。这个个是超个的个，具有绝对性。绝对总是绝对，斩杀自己就不是绝对了。这未必是逻辑上的不可能的事，而在事实经验方面却是如此。“曹山”作为个多的一个，被摄在“一切总杀”之中，但是作为超个的表现之一，就是“谁奈我何”，是任何个都不能奈何之。“曹山”杀自己，必须首先将自己弄成两个个，而这是不可能的。只要自己是自己，就不会变成其他人。这个个就是个，而且还是超个。是超个，而且还是个。这就是般若的即非辩证法的逻辑。

无功用行为实际上是从这个“无下手处”产生的，在此“随处作主”才成为可能。

---

① 出自《五灯会元》卷十三《曹山本寂禅师》。也载于《景德传灯录》卷十七，但“何不自杀”句为“为什么不杀”。

无刃剑

无刃剑一被挥舞起来就会变成无功用行。无功用行指的是什么？就是个与超个各居各自的领域，不失回互圆融性地变成行为。

曹山还有一段关于剑的公案。

问："如何是无刃剑？"

答："非淬炼所成。"（不是锻炼而成的。不是分别所成，不属于作的范畴。）

问："用者如何？"（体如前述，而用如何？体用是从印度传来的佛教词汇。）

答："逢者皆丧。"（碰到的都被斩了。）

问："不逢者如何？"（没碰到的怎么样？）

答："亦须落头。"（碰到没碰到，都是分别上的逻辑，无论是什么都要斩掉。一切总杀。）

问："逢者皆丧则固是，不逢者为甚么落头？"（在分别知的范围内，只能如此问。）

答："不见道能尽一切。"（规定是一切总杀。）

问："尽后如何？"（一切都杀尽之后又怎么样？问题肯定被纠缠到这个地步。这是迄今为止的分别知的逻辑。）

答："方知有此剑。"[①]（至此方知有无刃之剑。）

这一连串的问答，与其说是禅的问答，不如说是哲学的问答。但是对于曹洞宗的商量来说，这一点十分引人注意。不过，我必须得说，这仍然是禅的。哲学家或者印度式的思维不能得出"方知有此剑"的结论。总之，无刃剑一被挥舞起来就会变成无功用行。无刃剑不能被消除，它是严肃的存在。不知者称佛教——禅教为空、为无，这样说也无妨，只是不能从分别方面来看空和无。这些都是在无分别之分别方面的评价。

盘山宝积[②]示众时说了这样的话，流露出此间的消息。

"我向诸位禅人说，打个比方，就像将剑劈向空中，劈得到劈不到不是问题。在空中划出的线条没有轮廓痕迹。而且剑刃也没有亏缺。这样（节制生活）便是心心无知。（必须记住，这不是无意识，是有分别，是无分别之分别）因而是全心即佛，全佛即人——人与佛无异。所谓道因此才能成立。（个是个，不是超个，但只有超个是个，用才成为可能。个是超个，不仅是个，还是超个的个。佛与人是即非无异的逻辑。）

"我向诸位禅人说，学禅的要谛就像大地擎山。大地不知道山的孤且峻。又像石含玉。石不知道玉之无瑕。这样生活的人就叫出家。"[③]

宝积的示众很好地暗示了无功用行的真相。只要看看"掷剑挥空""地擎山，不知山之孤峻""石含玉，不知玉之无瑕"等，就可以知道无功用行指

---

① 出自《五灯会元》卷十三《曹山本寂禅师》。

② 盘山宝积——生卒年不详，马祖道一法嗣，居于河北盘山。

③ 出自《景德传灯录》卷七《幽州盘山宝积禅师》。盘山宝积上堂示众说："禅德，譬如掷剑挥空，莫论及不及。斯乃空轮无迹，剑刃无亏。若能如是，心心无知。全心即佛，全佛即人。人佛无异，始为道矣。禅德，可中学道，似地擎山，不知山之孤峻；如石含玉，不知玉之无瑕。若如此者，是名出家。"

的是什么，还能知道无知之知、无分别之分别的旨趣是什么。全心（个）即佛（超个），全佛（超个）即人（个），两者不应该胡乱地融合，而要各居各自的领域，并且不失回互圆融性。当这种圆融性变成行为时，禅者就称之为“无作之作”，还可称为“空轮无迹”，又称为“向上一路、千圣不传”[①]“木人方歌，石女起舞”[②]。此外还有千百言诠，所指都是这个方向。但是，在知的表述方面，这是无分别之分别、无知之知。

宝积是马祖道一的弟子，但马祖本人试图赋予禅经验的本质以知的表述，于是使用了乍一看极其矛盾的说法。他有时说“即心即佛”，有时说“非心非佛”[③]，有时又说“不是心，不是佛，不是物”[④]。他的苦心在于想方设法让听者洞彻此间的消息。南阳的忠国师[⑤]听到后，说道：“犹较些子[⑥]。”

这个注释无非就是在说“噢，是这样呀”。无论别人说什么，都是“犹较些子”，再没有能超越的。无出其右也是理所当然的。在知的方面如此，在行的方面也是如此。虽然自以为这样那样尽情尽意了，但是对于达不到那种境界的人来说，还有不能痛切感受到的东西吧。

---

① 向上一路、千圣不传——语出《景德传灯录》卷七《幽州盘山宝积禅师》。盘山宝积上堂示众说：“心若无事，万象不生。意绝玄机，纤尘何立？道本无体，因道而立名。道本无名，因名而得号。若言即心即佛，今时未入玄微。若言非心非佛，犹是指踪之极则。向上一路，千圣不传。学者劳形，如猿捉影。”

② 出自《五灯会元》卷十三《洞山良价禅师》。洞山良价禅师“因曹山辞，遂嘱曰：‘吾在云岩先师处，亲印《宝镜三昧》，事穷的要，今付于汝。’词曰：‘……木人方歌，石女起舞。非情识到，宁容思虑。……’”

③ 出自《景德传灯录》卷六《江西道一禅师》。“僧问：‘和尚为甚么说即心即佛？’师云：‘为止小儿啼。’僧云：‘啼止时如何？’师云：‘非心非佛。’僧云：‘除此二种人来如何指示？’师云：‘向伊道不是物。’僧云：‘忽遇其中人来时如何？’师云：‘且教伊体会大道。’”师，即马祖道一。

④ 出自《景德传灯录》卷八《池州南泉普愿禅师》。“师有时云：‘江西马祖说即心即佛，王老师不恁么道。不是心，不是佛，不是物。恁么道，还有过么？’赵州礼拜而去。”师，指南泉普愿。

⑤ 忠国师——南阳慧忠国师，俗姓冉，诸暨人，从六祖惠能学禅。唐玄宗敕其住南阳龙兴寺。唐肃宗、代宗时以国师之礼待之。

⑥ 些子——仅有，些少，些细。较些子，意思是倒是有几分对。

驴觑井

无分别之分别不能有意义，从这一点来说，“井觑驴”比“驴觑井”更好，因为“井觑驴”完全无意义。

说到佛、心、物，这些都是在印度式词汇的范围内，而禅宗里却有相当多的可说是完全体现汉民族心理表达的文字，而且对于日本人来说也极富启发性。

曹山本寂问强上座[①]：

“佛真法身，犹若虚空，应物现形，如水中月。作么生说个应底道理？”[②]

这句话的意思是说，佛教中有所谓三身，即法身、报身、应身。法身可以说是绝对的存在或是穷极的实体，一般被认为是构成万物的根源。报身是指菩萨在漫长的岁月中——或是在无量劫中——转生转死，作为

① 上座——也叫长老、上腊、首座、尚座、住位等。指法腊高而居上位的僧尼。

② 出自《五灯会元》卷十三《曹山本寂禅师》。曹山本寂“问强上座曰：‘佛真法身，犹若虚空，应物现形，如水中月。作么生说个应底道理？’曰：‘如驴觑井。’师曰：‘道则太煞道，只道得八成。’曰：‘和尚又如何？’师曰：‘如井觑驴。’”

积累了种种功德的结果和报酬而获得的存在。应身是法身，更具体地说，是佛根据我们心里的要求而化现出来的存在或形体。例如，我们有想摆脱物理的或道德的因果律的束缚的要求，即祈愿。四大[①]所生的色身[②]经过一定的时间会衰老、毁灭，而我们想超越这种制约，祈愿得到不死。还有，我们不是为了我们自身——至少不知道是不是因为无意识的所作所为——却要为意想不到的灾难而苦恼。我们不知道善因善果、恶因恶果实际上怎样在现在还活着的我们的身上实现。面对这样的烦恼，我们祈祷，想方设法要得到心安。我们是有限的存在，我们所持有的这些祈愿仅仅只是祈愿，不会得到回报吧？与这些祈愿相应，也不会有什么出现在我们的眼前吧？就算这些都没有，也不能打消这些祈愿，这是我们的心的本质。我们的心在祈愿一个无论如何也不能得到回报的东西，而这祈愿行为本身就是相应于祈愿而出现的吧。佛教告诉我们，我们所能持有的纯真的祈愿不会消失，一定会有与之相应的东西出现。这就是所谓有所求必有所应，就是曹山所说的“应物现形”。这里所说的形，不一定就是空间的、时间的东西，也可以是所谓感应道交[③]的东西。像一打即响，一叩即开那样，至心回向[④]的南无[⑤]阿弥陀佛一定是自阿弥陀起就

---

① 四大——构成物质的地、水、火、风四大元素。地以坚硬为性，水以潮湿为性，火以温暖为性，风以流动为性。世间一切有形的物质，都由四大所生。

② 色身——由父母精血和四大构成的肉身，即人。

③ 感应道交——众生所感与佛陀的能应相互交融。感，众生的机感。应，佛陀的能应。道交，感与应相通交融。

④ 回向——将自己所修的善根功德回转给众生，同时使自己趋入菩提涅槃；或用自己所修的善根，为亡者祈福，以期亡者安稳。至心回向，指用真实至诚之心，将所修之功德，回转一切众生。

⑤ 南无（音 nā mó）——梵语 namas 的音译，意思是归命、皈依、致敬、救我、度我等，是众生向佛表示皈依信顺的话，常用在佛、菩萨等的名字前。按印度礼仪，低头合掌，口称“南无”，即表示致敬。

作为本愿[①]回向被体验。自力的往相一定是他力[②]的还相[③]。这是佛教的宗教哲学。虽说佛的真的法身像虚空一样，但也不是什么都没有，相应地，我们的祈愿一定会以某种形式显现出来，一定会有所感应。基督教神学家为证明神的存在所用的逻辑也十分适用于“应物现形”。

在曹山询问强上座的问题的背后就包含着上述思想。如果佛的真的法身像虚空一样无论怎样也抓不住的话，那么与从这里发出的呼声——虽然将其称作物——相呼应而成形出现的又将是怎样的结果呢？“作么生说个应底道理”，这又会是怎样的情况呢？虽叫“道理”，却不是强词夺理。“现形”因叫虚空，故曰形，所以可取“应”之义。在此有感受到什么的心境。更加详细地论述这一点并不是本书的目的，所以到此为止。那么强上座对曹山的问题是怎样回答的呢？上座曰：

“如驴觑井。”

这是说就像驴窥井一样。“觑”是禅录中经常出现的文字，如“觑捕”“觑破”等。驴窥井或看井，实在是中国式的，又是禅宗式的。在出现这些文字的地方赋予了禅的心理特征，这跟水中宿月影没什么两样，但是在表现上更富新鲜感和独创性。

---

① 本愿——根本的誓愿，指佛、菩萨在过去世未成佛、菩萨之前为救度众生所发起的誓愿。

② 自力、他力——依靠自己的力量而达到解脱的，就是自力；而借佛、菩萨之力者，则为他力。依净土宗的解释，他力，即他力本愿，即依阿弥陀佛之本愿，念佛往生净土；反之，不依本愿者，即自力。

③ 往相、还相——净土宗所主张的二回向。一为往相回向，回施自己过去及今生之功德于众生，愿共往生极乐净土。而此种功德并非众生之善行所能达成，必须依靠阿弥陀佛之愿力方能往生。一为还相回向，已往生净土后，生大悲心，再回此世间教化众生。

“雁过长空，影沉寒水。雁无遗踪意，水无沉影心。”[①]

这也是“应物现形”，比驴的比喻更有诗意。曹山对强上座的表述做了如下的批评：

“道则太煞道，只道得八成。”

他的想法是“这也不是不对，但还不够充分”。于是强上座问：“和尚又如何？”曹山说：

“如井觑驴。”

与前正相反。驴不是主体，井成为主体。“驴觑井”，只要驴是生物，其意思多少还说得过去，而“井觑驴”就完全说不通了。但是，禅所指向的目标正是这个完全说不通的地方。只要有一点点说得通，就会涉及分别。无分别之分别不能有意义。从这一点来看，“井觑驴”比“驴觑井”更好。

但实际上，一旦形成语言，就已经是“蹉过了也”[②]。如果意识有什么意义，就必须有语言，而且一形成语言，就被分别。一旦涉及分别，本来的无分别就隐匿了踪影。为了避免如此，哲学家进行了许多深刻的思考，禅者也创造了很多清新的表述。“如井觑驴”这样表述以及其他众多的禅语，其实就是从古往今来的禅家者的禅意识中迸发出来的，是值得我们这

---

① 出自《五灯会元》卷十四《长芦妙觉禅师》。“真州长芦妙觉慧悟禅师，上堂：‘尽大地是个解脱门，把手拽不肯入。雪峰老汉抑逼人作么？既到这里，为甚么鼻孔在别人手里？’良久曰：‘贪观天上月，失却手中桡。’僧问：‘雁过长空，影沉寒水。雁无遗踪之意，水无沉影之心。还端的也无？’师曰：‘芦花两岸雪，江水一天秋。’曰：‘便恁么去时如何？’师曰：‘雁过长空！’僧拟议，师曰：‘灵利衲子。’”

② 出自《碧岩录》卷一第二则圆悟评唱。“此是三祖《信心铭》云：‘至道无难，唯嫌拣择。但莫憎爱，洞然明白。’才有是非，是拣择，是明白？才恁么会，蹉过了也，铰钉胶粘，堪作何用？”

些后代大加尊重的。

但是不能把禅语仅仅看作无意义的文字的排列。以无义为义，是通行于大乘佛教各家宗派的终极原理，它也深邃地潜藏在执持有相的净土宗思想中。禅将其托出表面，并赤裸裸地表现出来。作为富有知的性质的禅来说，确应如此吧。与之相反，净土宗思想具有情的性质，因而自然而然地就想诉诸形象。在形象之中通行着无碍的一道。无碍的一道只能是无义之义。在无意义之处看到意义，就叫无分别之分别。“如井觑驴”完全就是无意义、无分别。但是，禅者从中读出了意义，分别了无分别，即意识到无分别。禅形成的原因实际上就在于意识到这种无分别。如果没有意识到无意识，就不会知道无功用行为的真谛。

无手人行拳

无拳而行拳，这是无意义的。其意义在于从中可产生出无功用行为，禅就在认识到这一点的地方。

再回到“十二时”。有僧问龙牙居遁[①]：

“十二时中如何着力？”

这个问题的意思是，一日之中应该以什么样的心得来行动。换言之，就是想探究宗教性的或者禅性的行为的源泉，而不是叩问伦理性的行为的根源。就是想进一步深化这一源泉的宗教性的东西。用扫帚扫院子，用铁锹铲平街道上的凹凸，建医院实施全费或免费治疗——这些行为都具有社会性的伦理性的意义，同时也具有宗教性的意义。虽然从表现于外在的行动上什么也不能知晓，但对其内心活动的东西却能做伦理的和宗教的区分。现在，僧问龙牙正是依行为的宗教性的原理。龙牙居遁答：

① 龙牙居遁——洞山良价之法嗣，俗姓郭，江西抚州人。14岁于吉州满田寺出家。后住持龙牙山妙济禅苑。

“如无手人欲行拳始得。”[①]

如果没有手，当然也就没有拳。无拳而行拳，这是不可能的。就如同“空手把锄头[②]”，这不是常识逻辑的领域，也就是说是无意义的。对于无意义的事物，无论从哪个方面讲，我们都是不感兴趣的。换言之，逻辑方面自不必说，甚至从道德层面、哲学层面、宗教层面来看，也不会成为我们关心的事情，因为这样的事情在现实世界中既不能成为行为的对象，也不能成为行为的起源。然而禅看上去似乎总是在探究这种不明所以的事物，这又是什么原因呢？

关于这种不明所以，再举一个龙牙的公案。一僧问龙牙：

“如何是祖师西来意？”

和尚回答：

“待石乌龟解语，即向汝道。”

石乌龟，正如字面所指，是用石头雕刻的漆黑的乌龟。它不可能理解语言，即使活的乌龟也不可能。龙牙的回答从字面上理解就是，不论等到何时，即使在弥勒的世界，也不可能从和尚那里听到祖师西来意。这里的意思是说，祖师——达摩——的西来本无意图呢？还是即使有也不可说呢？抑或是即使听了也不知其意呢？还是从一开始就完全不知呢？总之，无意义就必须叫作无意义。但是，问僧进一步说道：

---

① 出自《五灯会元》卷十三《龙牙居遁禅师》。

② 出自《景德传灯录》卷二十七《婺州善慧大士》。“大士躬耕而居之，乃说一偈曰：‘空手把锄头，步行骑水牛。人从桥上过，桥流水不流。’”大士，即傅大士。

“石乌龟语也。”

石乌龟说话了。他听到石龟的话了。于是他要求和尚道出西来意。但是仔细想来，这个禅僧的说法也很奇怪。如果能懂得石龟的语言，就不必从一开始就问西来的意图。他应该明白地看到，这仅仅是附着在龙牙语言表面的东西。否则就不可能反复提出这样愚蠢的问题。通常龙牙可以给禅僧当头一棒，但是龙牙却老婆心切[①]地说：

“向汝道什么？”[②]

“刚才我跟你说什么了？当心，你这个大傻瓜。”也就是说，如果石乌龟说话了，那么就必须明白达摩特意从西而来是为什么。否则，就不能看成是石乌龟的解语。而且现在说“语也”不仅证明这个禅僧是彻底的无眼子，而且也应该断定他在欺瞒自己。龙牙的回答可被评价为婆婆妈妈。

总之，这里道出了无意义的意义。结果无手的人挥舞着拳头，不顾一切地将对手打倒。禅者说，正是从这不知所以之处产生出无功用行为，而且禅就在认识到这一点的地方。

---

① 老婆心切——意为教导别人谆谆心切，犹如老婆婆。出自《五灯会元》卷十一《临济义玄禅师》。“师到大愚。愚曰：‘甚处来？’师曰：‘黄檗来。’愚曰：‘黄檗有何言句？’师曰：‘某甲三度问佛法的的大意，三度被打，不知某甲有过无过？’愚曰：‘黄檗与么老婆心切，为汝得彻困，更来这里问有过无过？’师于言下大悟。”师，即临济义玄。大愚，即高安大愚。黄檗，即黄檗希运。

② 出自《景德传灯录》卷十七《湖南龙牙山居遁禅师》。

依靠道德搞不懂的东西

禁锢在道德世界里的人不能理解，仅此而已的外面的世界还有些什么——在有宗教意识之处，都有可能步入宗教世界。

从其他角度解读这种无义之义的是这样一则公案。有僧问曹山：

“学人十二时中如何保任？”

这与问龙牙的问题同出一辙。“保任”也好，“着力”也罢，没有太大的差异。曹山答曰：

“如经蛊毒之乡水，也不得沾着一滴。”

在中国经常谈论蛊毒，这是一种诅咒。在下了蛊毒的地方，哪怕稍微沾一点儿水，那诅咒的力量也会从那里传过来，于是这个人就会倒大霉。如果一定要通过那个地方，也绝不能让一滴水沾到手上。曹山的回答是，在整个十二时辰中，必须这样小心翼翼，以免将心视作物。

如果硬要问这是什么意思，那么可以这样回答：无功用行为中不能有什么挂碍，必须是自由不羁的，必须像无手之人行拳那样地自由自在。如果有一尘的所有性，还剩有一滴的我执，那么我们的行为即使是道德的，也不能是宗教的、禅的。

也有人会这样说，只要是道德的就可以了，人以道德性的存在度过一生，除此之外，什么宗教呀、禅呀都不需要。实际上，世间到处都有这样的人。如果问该怎么办，这倒是个大问题。为什么这么说呢？因为盲人怎么也不能把握大象的全貌。就像对五六岁的孩子讲恋爱的问题，他们怎么也不能理解。精神分析学试图确认婴儿也有性冲动，但那对于婴儿，乃至于五六岁的儿童、十一二岁的少年来说，都不是有意识的存在。只有被有意识地认知，才能说是宗教的，也才能叫作禅的人生，所以若非如此，就无法解说。对于盲人来说，光的世界，就是没交涉。与此相同，对于那些不能站到道德世界之外或之上的人，或者拒绝走出的人，一时还真是无从下手。一旦出现某种契机，自然就会觉得，在迄今为止一直以为仅此而已的世界的外面，似乎还有些什么东西。于是，就像得了死也死不了的病一样烦恼不断。宗教的世界（也可以说是禅的世界）从此被打开。在此之前，他们只能禁锢在道德的世界里。信仰净土真宗[①]的人们说："疑城胎宫[②]。"自力派信徒说，经五百劫也不能由此而出。确实如此。年长后就能理解年轻人的心情，就能看透全部人生。这一点，年轻人就做不到，因为还没有达到那样的境界。但这不一定是年龄，即时间的问题。在有宗教意识之处，都有可能步入宗教世界。

---

① 净土真宗——简称真宗。日本镰仓时代初期的僧人亲鸾继承发展其师法然的往生净土说的真髓，后其弟子们组成僧团，修行并宣扬此说。又称一向宗、门徒宗。

② 疑城胎宫——位于阿弥陀佛国边陲的一座七宝庄严的宫殿。凡是以怀疑之心念佛的人，将来就胎生在这座宫殿，五百年间不得听闻三宝之名。因为是疑惑之人所居之地，故称疑城；因胎生在这个宫殿，故称胎宫。

内在的知觉

无功用的行为，不论客观上怎样评判，当事者都不在意，而是对自己的内在生活加以检视，看其具有怎样的意义——这就是无意义之意义。

从行为本身来看，无论它是道德的，还是宗教的或者禅的，这些都无关紧要。利用厚生性质的事物，在事实方面客观，就是利用厚生，所以其背后存在的人格是不是道德的或禅的，都无所谓（抱有这种想法的人原本就有）。这虽然也是一理，但今天在这里要论及的不是作为客观事实的行为，而是要看其行为的由来，并加以评说。并不是说无论是不是模仿他人，孝行就是孝行，即使是猿猴的行为，如果能起到跟人一样的作用，那也可以。这不是我们现在要关心的事情。蚁群也好，蜂群也罢，就集团生活来说，都保持了非常完美的形式，但是，一旦进入到它们各自的内部生活，好像就没有特别值得一提的东西了。它们有全体的生活，但是没有个的、内在的生活。假如后者正是人类存在的意义，那么人类的行为不是只有客观的评价吧。我们应该对于各自行为的出处有所反省，有所意识，有所觉醒。禅者的着眼处其实正在于此。不是仅仅胡乱地排列无意义的文字，并因此而能事毕矣。

关于十二时辰，还有一则故事。有僧问卧龙禅师[①]：

“十二时中如何用心？”

禅师答曰：

“猢狲吃毛虫。”[②]

猢狲就是猴子。猴吃毛虫是什么意思？毛虫也可以是毛毛虫，但在中国也许是指别的什么东西，总之可以看作全身毛乎乎的让人不爽的东西。就像猴子吃这种不用嚼的让人不爽的虫子那样，十二时辰时时用心是什么意思？就像驴觑井。在没有意义的地方看出意义。无功用的行为，不论客观上怎样评判，当事者都不在意，而是对自己的内在生活加以检视，看其具有怎样的意义——这就是无意义之意义。这里就有打开禅境之路。

老僧自亦不会——出入没有否定，也没有肯定的地方。

马祖道一[③]有一位弟子叫大珠慧海[④]，著有《顿悟要门论》一书，虽然是距今一千多年以前的著作，却不乏新鲜的论述。这里引用一段关于无功

---

① 卧龙禅师——新罗卧龙，潭州云盖志元法嗣。

② 出自《景德传灯录》卷十七《新罗卧龙和尚》。

③ 马祖道一——唐代禅僧，南岳怀让之法嗣。俗姓马，世称马大师、马祖，汉州（四川广汉）人。

④ 大珠慧海——生卒年不详，唐代高僧，俗姓朱，建州（福建）人。撰《顿悟入道要门论》一卷，得马祖道一“越州有大珠，圆明光自在”之赞。

用行为是什么的问答公案。有个叫源律师[①]的人问大珠：

“和尚修道，还用功否？”

问者既然是律师，那么肯定是非常关注行为的道德性、规范性等方方面面的了。所谓“用功”，就是要下功夫。他在问，如果有戒律的话，那又是怎样的东西？

于是大珠回答：

“用功。”

这里是指下功夫。

“如何用功？”

律师问道。大珠答：

“饥来吃饭，困来即眠。”

这里没有什么能称为功夫的东西。一说到功夫，就觉得我们的道德生活就得饿了也不吃，冷了也不靠近火，是一些禁欲的、遏制的、消极的、压抑的行为，否则就不算是用功。然而饿了吃、困了睡完全是一种“自然主义”。即使不是律师，也不会满意这种愚弄人似的回答。因此律师反问道：

① 律师——又称持律师、律者，通晓佛教戒律的高僧。

“一切人总如是，同师用功否？”

如果这就是大珠所指的用功，那么无论是谁都在做。但是无论是谁都在以此精进于道德修行吗？大珠的回答出乎意料：

“不同。”

在此我们可以明白，行为的价值不应该仅仅由客观性来决定。或者说虽然也可以这样决定，但还有其他一些剩下的东西，并非全部的价值都由其决定。因此才回答说“不同”。如果仅仅是行为的客观性，那么就不是不同。大珠也好，大众也好，或者猫狗也好，马也好，都同样用功，都在佛法修行上精进着。

“何故不同？”

律师和我们一样，都想问问是“何故”，大珠这样解释不同的理由：

“他吃饭时，不肯吃饭，百种须索；睡时不肯睡，千般计较。所以不同也。”[①]

要解释这句话，最好先进一步看下面的问答，这次是研究唯识[②]的道光座主问：

① 出自《景德传灯录》卷六《赵州大珠慧海禅师》。

② 唯识——又名唯心。世间诸法，唯心识所现，因一切法皆不离心识，故名唯识。也就是说，在心之外的事物、事象，只是借由心的认识而映现出来的表象。

“禅师用何心修道？”

正因为是研究唯识的学者，所以才说何心。但是，原本提到心就很奇怪。果然，大珠曰：

“老僧无心可用，无道可修。”

对于彷徨于分别识的人来说，这是不可理解的，所以唯识学者道光最后不得不做出如下的议论：

“既无心可用，无道可修，云何每日聚众劝人学禅修道？”

这样想是常识逻辑。这里没什么不合理的，或者说也可以这样想，但是这之外还有“被风吹别调中”的意味。因此大珠说：

“老僧尚无卓锥之地，什么处聚众来？老僧无舌，何曾劝人来？”

唯识学者对于大珠所说的“无心无道”，还没有很吃惊，但听到大珠亲口说眼前没有寸土，自己无舌的时候，其心甚是不得平静。于是说：

“禅师对面妄语。”

这里暗含“胡说八道也应有个度吧”之类的情绪。无论是什么样的禅师，一边饶舌一边说无舌，一边脚踩着大地，一边说无舔舐一尘之舌，这肯定都是无以复加的妄语。但是大珠有大珠的立场。他说：

“老僧尚无舌劝人，焉解妄语？”

没有可劝人禅道之舌的人，也是不会说什么妄语的吧。如果无舌，便不说善，不说恶。如果无手，就不行拳，也不指月[①]。禅无论如何也必须通过这个境地。但是，不明所以的人怎么也弄不明白。应该说不能走到道德界之上的人，恐怕也欠缺谈论宗教的资格吧。至此，道光也不得不脱下盔甲认输了。

“某甲却不会禅师语论也。”

这句话的意思是，依上述的逻辑是无论如何也推导不下去的。大珠不是在敷衍座主，其实是赤裸裸地表达自己的立场，没有一丝一毫的隐瞒，也没有忽悠对方。但是不理解的人还是不理解。而且这种不理解其实已经触到了上述问题的核心。不过，仅仅不理解是不行的。其背后肯定有了了常知的东西。肯定是了了常知，却什么都不知，什么都不会。禅其实就在于此，无功用行其实就是从这无意识之中产生作用。最后，大珠说：

“老僧自亦不会。”[②]

与大珠的问答，似乎从一开始就充满矛盾，但其中又有毫无矛盾的地方。矛盾在于所表现的语言及文字上的逻辑，所以大珠的心境总是出入于没有矛盾、没有否定、也没有肯定的地方。通过认识这一点，便知“饥来吃饭，困来即眠”之处有可用功的东西，即无功用的功用。

---

① 指月——各经论多以指月来警示对文字名相的执着。禅宗借此指“不立文字”之教义，认为经文不过是用来指月的手指。语出《楞严经》卷二。“如人以手，指月示人，彼人因指，当应看月。若复观指，以为月体，此人岂唯亡失月轮，亦亡其指。何以故？以所标指为明月故。”

② 出自《指月录》卷九。另，唐慧海《顿悟入道要门论》。

能知者

“知”是妙众之门，是见性之见，是无功用行为的起源。在无分别之分别中了知，就是见性。

这一点为什么是可能的？对于这一点，不管怎样最终都必须有一种认识。而且因为这种认识不是分别意识之所摄，所以对于只停留在道德界的人来说，不管怎样只能作为矛盾来接受。无论反复多少次似乎都是一样。了了常知是根源性的主体。而且这个知不是分别之知，而是无分别之分别。好像话又转回来了，不过还真的是转回来了。所有的分别都可能是以无分别为体的，因此不能用分别来切割的时候，自然就会进入无分别的领域，并通过成为无分别之分别，把矛盾原封不动地接受下来。也就是说，像大珠所说的那样，也可以说是真如有变易，也可以说是真如不变易。只要被用在分别的逻辑上，就不能在这样的矛盾中理解真如。因此，研究三藏的法师就不得不诘难大珠，说：

“禅师适来说真如有变易，如今又道不变易，如何即是的当？”

对此大珠的回答如下：

“若了了见性者，如摩尼珠现色，说变亦得，说不变亦得。若不见性人，闻说真如变易，便作变解；闻说不变，便作不变解。”①

“了了见性”的意思是能看到“了了常知”的东西。性不是别个存在，而是见即是性②，性即是见。见性是了性。了、见也相同。大珠的见性，就是在无分别之分别中了知。这个了知就是无功用行为的起源。一个道家之人问大珠：“有什么超越自然的东西吗？”对于道家来说，自然是至上原理，再没有能超越它的东西。所以他才对禅者大珠提出挑战。大珠说，有超越自然的东西，即——

“能知自然者③。”

这个知是妙众之门，这个知是见性之见。无功用因这个知而成为可能。

---

① 出自《景德传灯录》卷六《赵州大珠慧海禅师》。

② 出自《景德传灯录》卷六《赵州大珠慧海禅师》。大珠慧海说：“自不见性，不是无性。何以故？见即是性，无性不能见。识即是性，故名识性。了即是性，唤作了性。能生万法，唤作法性，亦名法身。”

③ 出自《景德传灯录》卷六《赵州大珠慧海禅师》。“有道流问：‘世间有法过自然否？’师曰：‘有。’曰：‘何法过得？’师曰：‘能知自然者。’”师，即大珠慧海。

知者为超越者

禅经验本不是离开了见闻觉知的东西，但也不是见闻觉知本身。可以依照见闻觉知，来看非见闻觉知。

这里所说的自然，不是今天我们所说的自然。今天所说的自然是源出拉丁语“natura”（产生）的欧洲语言的翻译，一般指物理的世界。古时东方所说的“自然”就是自然，是与人为、人工、技巧等相对的，特别为老庄者流所用，所尊崇。因为大珠要回答道家人的问题，所以自然也遵循了道家原本的惯用法。他说，知自然者，乃超越自然者，比自然更有价值者。但是，这个知是般若的知——无知之知，不消说它不是分别意识上的东西。禅实际上因这个知而立。如果不明白这一点，便不知禅的一切如何在分别知、世间知、道德界之外传达别个消息。

在佛书、禅书中用各种各样的名目来阐释这个知。乍一看好像很混乱，但稍微梳理一下，也没有什么不明白的。这里无暇解说其全部，只就一部分加以阐述。

佛典中屡屡解释“法身”一词，一般都客观地将法身作为分别知的对象来思考，并指出，法身超越了分别知。于是法身成为不知为何物的不可思议的存在，不断地以一种胁迫性压过来。或是欲将法身分散或溶解或覆盖在一切分别的诸法上，并从分别知的角度处置法身。但是这样一来，法身不是超越了分别知，而总是作为其对象残留下来。那里有无论如何也切割不掉的东西，这个东西成为烦恼的种子。毕竟在我们相信以分别为落脚点时，是有过错的。

禅从无分别之分别出发。分别不是作为分别而成立的，在其下还有无分别，换言之，分别只有在无分别之分别中，才能发挥全部的功能。分别不是独立的。分别原本是无分别之分别，但是我们总是想把分别剥离。这还是分别知的性格，但其结局却如前述。因此禅者试图阐明，分别知只有通过包藏无分别，才能成为可能。这是了了自知的见性经验。禅从这一经验挤进分别之中。见性、了性、了知都是同一个意思，都是无分别之分别。禅经验指的就是这些。

法身将体给了无分别之分别，这个体也可以称作相，但这些都是用在分别知上的词。这也是对从前观点的让步，或者也可以说只是延续。实际上，法身就是无知之知，也可称为心。说到心，就会觉得像心理学上的存在，但因其具有分别知的特性，所以被这么认为也是无可奈何的事。对无分别之分别有体验的人，说心也好，说法身也好，说佛也好，他都能领会这些指的是什么。历史上，这些词语，不管是有什么样的意义，也无论它们被怎样解释，被怎样接受，从禅经验本身来看，都是想表述无分别之分别、无知之知、无功用之功用、无心之心。

比如，大珠曾说会是无心。在将这二者置于怎样的关系中时，他问道，是这样的吗？会是知，这个知指的是无分别之分别。于是乎虽说知是心，但如果说知是无心，又该怎么解释呢？他是这么说的：

“汝若未得如是之时，努力努力！勤加用功，功成自会。所以会者，一切处无心即是会。言无心者，无假不真也。假者，爱憎心是也。真者，无爱憎心是也。但无爱憎心，即是二性空。二性空者，自然解脱也。”①

① 出自唐·慧海《顿悟入道要门论》。

这样的意思，以各种表现形式记载于禅录中。也就是说，在离开分别知的时候，自然而然地就打开了解脱之路。解脱之路就是无分别之分别。迷失在分别二途的时候，无分别便不能会，所以就彷徨在为爱憎二心而烦恼的真假歧路上。前文之所以言“用功”“努力”，那都是因为迷失于二途，不知如何是好，所以才要想方设法解决“怎么办”的问题，想穷究分别的去处。这种努力一旦成熟，自然就有会，有知，透彻无分别之分别。于是就懂得心之无心、无心之心。所谓懂得，只能是心无心、无心心，除此无他。这里没有分别程度的分别，没有假，也没有真，没有爱，也没有憎，没有无爱，也没有无憎，所有对立的世界——普通的对立世界，被一扫而空。这就是二性空。所谓二性空，不是单纯否定对立，而是让对立就那样地存在，在那其中有别个世界。所谓别个，不是说和对立有别，而是无分别之分别，是无对立之对立。在此大珠把它叫作“无心”。这个无心跟上述的心是同一个意思。般若式即非的逻辑总是这样展开的。

法身、心、知（即无得无证）的关系如前所述，可以得到认可了。法身不是分别知的对象，但是试图只根据分别知来判断事物的人，容易抱有那样的错觉。法身使知成为客体，所以一旦理解清楚知之为何物，也就会明白法身是指什么了。大乘经典中有时将法身分为五种：（一）实相法身；（二）功德法身；（三）法性法身；（四）应化法身；（五）虚空法身。这种分类方法非常不科学，但是却非常便于了解迄今为止人们是从哪些方面去观察法身（即心，这里用哪个都可以）和它的功能、特性的。

首先，按照大珠的说法，实相法身是指知心不坏。不坏之心不在别处，而是这样一种心境，即无分别之分别乃是构成寻常分别的基体的东西。所谓使知成为客体的就是法身，就是这个意思。其次，功德法身虽说“知心含万象”，但这里也有无分别之分别。如果从分别的角度来看无分别，可以说是含千差之诸法（万象）吧。“含”不应从空间上来解释，而必须从时间上来看，其意思是今时含无量劫的过去和未来。再次，法性法身，它是知心无心。心是无心，就是说分别是无分别。换言之，就是无分别之分别、分别（心）之无分别（无心）。这是法性之义。从分别的角度看，法这个客体中有某种不变性，我们不能把这种想法叫作法性。从无分别的角度来看，既没有法性，也没有法身，是二性空，但这个空不是相对空，而是绝对空，所以是了了常知底。由此打开了与分别知妥协的道路，权且称作法性吧。第四种应化法身，大珠的解释是随根应说之义。我们平时所说的三身中的应身与此相当。但是这里的根不是机根之义，而是五根的根。应身之时，佛变身的作用与众生的机根相应。但是在现在的场合，其意思是，无分别知在耳根变成闻分别，在眼根变成见分别。最后，虚空法身，大珠说，它是知心无形不可得。实相法身讲“心不坏”，法性身讲“心无心”，现在讲“心不可得”，这些都是从分别知的角度来看同一物，并赋予它不同的特性。所谓心无形，就是一说到心，一般都会客观地、分别地认为好像有一个特殊的对象，所以为了表述其并非如此而如是说。不可得是分别上的事情。毋庸赘言，无分别之分别总是在分别的角度说不可得。[①]

大珠最后说：“若了此义，即知无证。不得无证，即是证佛法。”[②]这个无证——不可得——只是无分别之分别的意思。“见即是性”，若除见之外无性，除性之外无见，则无得无证。这就是无分别之分别、心之无心。所谓证佛法，就是无证之证。无功用行为就出自这无证之证。

证、见、知、悟、了——都是指同一种禅经验。毋庸赘言，这不应与平时所说的经验或意识或认识或觉悟等同视之。可以说禅经验比用这些语

① 出自唐慧海《顿悟入道要门论》。“知心不坏，是实相法身。知心含万像，是功德法身。知心无心，是法性法身。随根应说，是应化法身。知心无形不可得，是虚空法身。”

② 出自唐慧海《顿悟入道要门论》。“若了此义者，即知无证也。无得无证者，即是证佛法身；若有得有证者，即邪见增上慢人也，名为外道。何以故？《维摩经》云：舍利弗问天女曰：汝何所得？何所证？辩乃得如是。天女答曰：我无得无证，乃得如是；若有得有证，即于佛法中为增上慢人也。”

言表述更加深刻。平时所说的意识，属于佛教词汇中的见闻觉知的世界，是分别，只有在能所相对方面才能这么说。禅经验本不是离开了见闻觉知的东西，但也不是见闻觉知本身。可以依照见闻觉知，来看非见闻觉知。因此称作无分别之分别，或心之无心，或无觉之觉——妙觉、等觉。

能所的分别

心从这里出发，神从对面进来，在邂逅的一瞬间，产生了认知经验——这样一来，我们就不得不经常起卧在分别的世界中。

认知经验的一般性是能所相分。否则便没有看和被看，因此就不可能有经验。所以普通的见闻觉知将分别心置于此，并将与此相对之物置于对面。在经验神的时候，相对于这里的觉知分别心，将独一主宰的神或者最高的存在摆在对面。心从这里出发，神从对面进来，在邂逅的一瞬间，产生了认知经验——首先我这样叙述分别意识上的觉知现象。但是这样一来，就不得不经常起卧在分别的世界中，因此既不知道对面的神（存在），也不知道这边的心了。若是这样，哲学家是不会满足的，况且对于寻求宗教的人来说，也不能仅仅停留在觉知那种现象上。无论如何，一定要找到突破这一悖论的道路。人本来就是这样形成的，因此不能说不需要这种突破。换言之，必须洞悉无分别之分别。假如在分别意识上有欠缺的人已经形成，那么就要设法找到充实的道路，而且这条道路肯定就在某个地方。有求必应，无论是佛教，还是基督教，抑或是任何一种宗教，都对此深信不疑。不仅仅在一般的意义上相信，而且事实也是如此。宗教所说的信，具有洞悉无分别之分别的意义。它不是分别意识上的对象性的知，因此对神的经验、对存在的把握就不是见闻觉知上的现象。只要徘徊于此，就不可能得到禅的经验。

真正的见神经验或见佛经验，与禅经验中的见性是一样的，见即是性，性即是见，见神或佛的一定是神（佛）自己，一定是神（佛）在看神（佛）自身。于是这里就有一种觉知，不仅是见，而且有知见者。原本这个知和那个见是同一物，但作为对人类知识的制约，使用了如同是两种东西的表述，这就是无分别之分别。谈到二性空的时候，已经将二置于其中，而且不得不将其叫作空。实际上，二性不是二，空亦不是空。如果是了了常知，那么既没有知本身，也没有了了。而我们却总是在以人类逻辑的条件来谈论它。于是这里便有了大珠所说的“知自然者”的妙境。人类因此而有了生存的意义。

一方面想安置心、意识、认知者、能知者这些具有分别性的东西，另一方面又想安置存在（其中装进了神、佛），并以此来说明人类的经验，这仅从分别意识的角度来看，还是妥当的。但是在其背后有一颗不明白的心，在其对面有一个不明白的存在，即使想在两者接触之处说清某些明白的东西，那也不能是穷极底。科学是分别意识上的工作，因此在这方面的大显身手得到人们的首肯。只是包裹着分别意识的前后两个“不可解”将如何处置呢？说一声“不知道”而弃之不顾，分别意识上确实也是这样做的吧，但是有的人总觉得不能这样。分别意识不是人类意识的全部。已经说出分别的时候，就有了让分别产生的东西。这不应该是分别。分别永远在分别，没有穷尽，这是分别性本身的特性。对于认知现象来说，因放任能所，而必须有非能所的东西。不将它仅仅作为逻辑的要求，而必须在经验事实中来看待。禅正是立足于此。从这一立场来看，站在认知现象的前面的东西和在其背后的东西，在分别知上是两个“不可解”，但在无分别之分别中绝不是“不可解”。在禅经验中，两个“不可解”在分别认知上得以消解。只要不能出现在分别之上或之外，就不可能有消解的事实经验。分别常常立在百尺竿头[①]，左顾右眄[②]，但栅栏却没有打开。由此再进一步，就会经历到无分别之分别。从此产生大机大用，无功用行也成为可能——禅者如是说。

只要站在分别意识的竿头，前面就有无限的“不可解”，后面也有无底的“不可解”，自己的脚底总有一种酸痛的感觉。这是因为我们体会到分别的竿头就如同最后的立场。不可解的惊涛骇浪从前后左右涌来。禅经验告诉我们，跳下去吧，跳进这个“不可解”——那是因为分别而不可解——之中吧。因为跳进从分别角度看到的“不可解”之中，“不可解”自然而然就消失了，同时眼前的人也体会到无分别之分别。于是因为这种体得，分别的竿头不再胶着，分别具有了无分别的自由性和创造性。如果失去了分别必须立足于分别之上的理由，就不会再为无限的分别而烦恼。如果变得与刚才的“不可解”一起起卧，那么有时就可以站到分别的十字路口，左转右转，也可以站在无分别的孤峰顶上，沉浸在悠远之中。

一旦进入这种境界，两个“不可解”便成为二性空，就是不一不二的无分别。也可以说只是一个无分别，但这个一不是数字，所以是分别之无分别、无分别之分别。由于被认为是两个“不可解”交叉点的认知现象而将不可分的“不可解”看作自我分裂。换言之就是无分别之分别的本质。如果从这里出发，那么分别意识具有无限无极的分别性，同时又将无分别包含在其中，所以是无限的限定、无极的极限，是矛盾的自我同一性。到此方能道明禅经验。经文云：“佛真法身，犹若虚空。应物现形，如水中月。”我觉得这句经文的意思是弄懂了。如果不从法身——虚空——不可解的角度来看，而从应物现形的角度来看，那么就是“万法同时”，而且

---

① 百尺竿头——百尺高的竿子顶端，指极高处。语出《景德传灯录》卷十《湖南长沙景岑禅师》。“师遣一僧去问同参会和尚云：‘和尚见南泉后如何？’会默然。僧云：‘和尚未见南泉已前作么生？’会云：‘不可更别有也。’僧回举似师，师示一偈曰：‘百尺竿头不动人，虽然得入未为真。百尺竿头须进步，十方世界是全身。’”师，即长沙景岑。

② 左顾右眄——左看右看，仔细看。

是“一念知一切法”。更详细地说，就是“见前心通，前后生事，犹如对见，前佛后佛，万法同时”[①]。说到现前一念时，其中有前事（念），有后事（念），而且其一念之中与过去和未来的万物（万佛）一时、同时相对相见。“现前一念”说的是见性经验。禅以这个场合为终结，欲从这里展开所有的思想和行动。

① 出自唐慧海《顿悟入道要门论》。

埃克哈特的眼

埃克哈特的眼是成立于无分别之分别上的自己。如果这只眼见外而不见内，见内而不见外，那么它就只是肉眼。

据说埃克哈特[①]的一只眼可以一眼看穿内和外。内是心，外是万物，或者说内是神，外是自己。如果用前文所用的词汇来说，那么内是无分别，是无心，外是分别，是心。可以一眼看穿内外的那一只眼就是无分别之分别、无心之心。在此，知的眼一时照破内外、有无、肯定否定的两界，因为埃克哈特的眼只能是知。从分别事上的经验来看，虽然有心理学的觉悟，也可以讲逻辑学的要求，但是不能构成禅经验的知。从见闻觉知的角度来看，甚至连同一事象，其一方面也仅仅是分别，另一方面才刚刚有无分别之分别，这些是由是否通过了见性经验决定的。

埃克哈特的眼是真正意义上的自己，不是分别意识上的自己，是成立于无分别之分别上的自己。这个个是千差诸法之一，但不仅仅是个。一方面有千差，另一方面有超个——也就是说是具有两重性的个。只有这样的

① 迈斯特·约翰尼斯·埃克哈特（Meister Johannes Eckhart）——中世纪德意志神学家和神秘主义哲学家，他认为上帝即万物，万物即上帝；人物成物之景，人的灵性与上帝的神性是共通的。他的神学思想构成了基督教新教的理论基础，并产生深远的影响。主要论著有《讲道集》《神的安慰》《崇高的人》《超脱》等。

个，才能言说自己。寻常的分别意识上的自己是自己，但也因为这个自己，才有埃克哈特的眼，见闻觉知才成为可能。但仅仅如此还不能产生无功用的行为。不是说要舍弃这个自己的个多性，我更想说的是，正相反，或许整体上都有超个性。如果只是如此，超个性也什么都不是，什么作用也没有。此和彼必须相依相助，换言之，必须要有埃克哈特的眼，必须要有如前所述的知。这样说来，虽然有充分的可能可以从分别意识的角度来理解，但这就像前文反复说的，必须体认到，这是通过见性经验之后得来的。

“不可解”看“不可解”，无分别分别无分别，听起来的确很奇怪。只要站在分别意识的一边，就是这样。但是如果明白这个见，这个分别，都是埃克哈特的眼，那么就能立一切法。见即是被见，这不是普通的不二，还不能忘记在其间有眼作媒介。但是这个眼原本就不是作为见和被见之间的别个的存在。说到见和被见的时候，作为逻辑的顺序，那里已经有眼存在，但是这只眼从时间上来看，不是一开始就在那里的。在言说被见即是见，见即是被见的时候，那就是迅速成立的眼。这都是道理上的，但通过这样的说明，可以理解禅经验的事实。

见和被见，都是无分别的“不可解”，但这只眼一旦被点出，似乎从分别意识的角度多少能够理解一些，能够加以分别。但是这只眼一旦胶着在分别意识上，那么见和被见就会分离，就会失去自我同一性。这就叫作堕入魔界。堕入魔界并不是坏事，但是胶着一边却不免是过失，所以才说“一念瞥起便落魔界”[①]。这是因为停顿在一念之上，忘记了这个一念将从佛界通向魔界，从魔界通往佛界。埃克哈特的眼如果见外而不见内，见内而不见外，那么这只眼就被封闭在千差万别的个多的世界中，丧失灵眼的功能而不再是眼了。如果被钉在分别界，也仅仅是肉眼。当然，佛魔、有无、是非、能所等两界也不能尽收在一眸之下。

---

① 出自《景德传灯录》卷十四《潭州云岩昙晟禅师》。“僧问：‘一念瞥起，便落魔界时如何？’师曰：‘汝因甚么却从佛界而来？’僧无对。师曰：‘会么？’曰：‘不会。’师曰：‘莫道体不得，设使体得，也只是左之右之。’”

佛魔一念

从佛界而来是因一念，往魔界去也是因一念，若要了知佛魔两界的根底，洞悉一念瞥起的本质，除了回归各自的体验，别无他法。

有僧问云岩的昙晟[1]：“一念瞥起，便落魔界时如何？”昙晟答：“汝因甚么从佛界而来？”

显然，从佛界而来是因一念，往魔界去也是因一念。假如已经因一念而分别了佛界和魔界，那么无论往来于何处，都是因那个人的分别的行动。若停滞于分别性，便是去魔界；若看无分别之分别，则那一念便入佛界。埃克哈特的眼就是昙晟的一念。问道禅僧对于一念的起灭毫无了知，因此也不懂得应对之术。昙晟反复问：“会么？”僧答：“不会。”于是昙晟告诉他：

“莫道体不得，设使体得，也只是左之右之。”

---

① 云岩昙晟——俗姓王，建昌县人。初从百丈怀海学佛，后从药山惟俨。长期住修水县云岩禅院。

意思是说，不要说不会，不会是最亲近的。即使说会了，这时也已经偏离了目标。虽然要洞悉一念瞥起的本质来看佛魔两界的根底，但若说“见了”，那么那个见就已经不是见了——必须如此言说的，就是昙晟的所见。

“不可解”与“不可解”相交加，在其尖端的顶点，有超分别的觉知的时候，上自有顶天[①]，下至奈落[②]底，一脚踢翻，抓住“独坐大雄峰”的消息。而且因为这种经验是言语道断[③]，所以无论被问什么，都说不会，无论被诘责什么，都说不识。

道吾的圆智[④]从其师的居所药山下来，到五峰时，五峰问他（圆智），认识他的师父药山和尚吗？这是个多余的问题，是没必要问的。他从药山来，没有不认识药山的道理。尽管如此，五峰这样问，大概是想试探圆智所具有的禅经验的真实性吧。圆智非常清楚五峰的用意，答曰：

“不识。”

“不认识。”这样的回答很生硬。这是不识尤亲，向上的机微不限于语言文字的表达。除了道吾圆智的回答，再没人能道得出。知不到处，不可能道着。若道着，则头不生角。祸事一个接一个地发生。不能给分别设界限。但是五峰并不满足于此，不刺破敌人的要害，绝不善罢甘休：

“为甚么不识？”

---

① 有顶天——色界之第四重天，本名有究竟天，因处于有形世界最顶峰，故称有顶。

② 奈落——地狱。

③ 言语道断——意义深奥微妙，无法用语言表达。

④ 道吾圆智——唐代僧人，药山惟俨法嗣。俗姓张，江西海昏人。幼时出家，后至潭州道吾山，大振禅风。

“为什么不认识？”又放了一箭。但圆智依然故我：

“不识，不识。”[①]

顽固到底。大概是因为除此之外再没有可回答的了吧。站在两个“不可解”交加的尖端的人总是这样回答。达摩的“不识”也不外乎此。但是不可知论的“不识”是分别意识上的，与现在谈的绝对没交涉，这是不消说的。

在这里我想再说一句，前述都是将“不可解”一分为二来谈的，这是因为以见之的眼为中心。如果从“不可解”本身来看，就没有两个，也没有一个。所谓“本身”也已经是白云千里了，这也如同前面所说的“不识”。不识是相对于识的，所以不识当中已经有了识。云岩的昙晟所表述的意思是，体不得也好，得也好；不会也好，会也好；道不得也好，得也好，这些都不过是赚杀[②]许多的人而已。确实如此，人们也总爱说“不可无言”。可以说唯有禅者的方法才能打破这种僵局。

我记得以前曾讲过太原孚上座[③]入禅的经过，这个人最终在雪峰义存座下终了一生。有一次，玄沙想讨论上座的所得，在征得雪峰的同意后，去拜会上座。孚上座正准备洗澡，在井旁打水。玄沙首先开口：

“相看上座。”（意思大约是，初次见面。）

“已相见了。”

“什么劫中曾相见？”（天地开辟之前，什么时候相见的？）

---

① 出自《景德传灯录》卷十四《澶州道吾山圆智禅师》。“师下山到五峰。五峰问：‘还识药山老宿否？’师曰：‘不识。’五峰曰：‘为甚么不识？’师曰：‘不识不识。’”师，即道吾圆智。

② 赚杀——赢得，博得。

③ 太原孚上座——生卒年不详，初在扬州光孝寺讲《涅槃经》。雪峰义存法嗣。

虽然这是套他的话，但孚上座没有上当。他从一开始就知道玄沙非等闲之辈，也知道玄沙为什么来浴室找自己。这就好像我们正巧在谈着逻辑、思维、概念等，循着分别的路途，喘息着想在哪里歇歇脚。孚上座过去也想利用各种概念、逻辑来探究存在或法身。现在早已不在那里了。因此说道：

“瞌睡作么？”[①]（大概可译为，还是别说梦话了。）

可能有人完全不知其意吧。确实应该指责。如果结局是因为充满矛盾而不知所云，那么哪个是巧妙的或恰当的方法呢？下面再举一例。

鼓山的晏和尚[②]来到太原孚上座这里，他问：

“父母未生时，鼻孔在什么处？”

《六祖坛经》曾提到父母未生以前的本来面目。在没有出生以前，你的鼻子是什么样子的？这是个很突兀的问题。禅问答已经习惯于处理这样的公案，所以禅者并不惊讶，但是对一般人来说这是极其不近情理的提问。也就是说，这个问题可以看作在询问分别意识产生以前的认知是什么。在埃克哈特的眼还未睁开的时候，内外两个“不可解”去哪儿了？孚上座对此没有立即回答，而是说：

---

① 出自《景德传灯录》卷十九《太原孚上坐》。“一日玄沙上问讯，雪峰曰：‘此间有个老鼠子，今在浴室里。’玄沙曰：‘待与和尚勘过。’言讫，到浴室，遇师打水。玄沙曰：‘相看上坐。’师曰：‘已相见了。’玄沙曰：‘甚么劫中曾相见？’师曰：‘瞌睡作么？’玄沙却入方丈，白雪峰曰：‘已勘破了。’雪峰曰：‘作么生勘伊？’玄沙举前语，雪峰曰：‘汝着贼也。’”师，即太原孚上座。

② 鼓山的晏和尚——鼓山神晏，唐末五代高僧，生卒年不详，俗姓李，大梁人，雪峰义存法嗣。谥号兴圣国师。

“老兄先道。”（你先说说看。）

这不像回答，倒像不经意地点点头说“您先请”，或者在试探问者的见解。然而并非如此。孚上座为父母未生前的消息打开了一条路。晏和尚坦率地说：

“如今生也。汝道在什么处？”

就是说，“刚刚已经出生了。在什么地方？你倒说说看”。孚上座摇头道“不肯”。晏和尚的见解未必未到，这样说也是可以的。但是要想让孚上座首肯，还需要再下些功夫。晏和尚不得已问孚上座的意见，上座这次也没有直接回答，好像在说完全不相干的事儿：

“将手中扇子来。”

意思是，“把你手中的扇子借来一用”。这确实是巧妙的回答。晏和尚这次又没有成功。他按照要求，将扇子递了过去，然后又重复了前面的问题。上座什么也没说，将扇子放在下面。晏和尚手足无措，不知如何是好。上座“乃殴之一拳”[①]。上座觉得实在没有别的办法，便给了他一拳。晏和尚只在概念上探讨未生之前的问题，所以“如今生也”也没超出这个范围。

如前所述，这样的问题必须在分别知以外的地方处理，所以也可以说像禅者那样的做法乃捷径。本来这也绝不是十全十美的。在某种意义上可

---

① 出自《景德传灯录》卷十九《太原孚上坐》。“鼓山晏和尚问师：‘父母未生时，鼻孔在甚么处？’师曰：‘老兄先道。’晏曰：‘如今生也，汝道在甚么处？’师不肯，晏却问：‘作么生？’师曰：‘将手中扇子来。’晏与扇子，再征之，师默置。晏罔测，乃殴之一拳。”师，即太原孚上座。

以说没有超出分别知的范围。如果到了卓越的哲学家那里，即使不能避免某些迂回曲折，但也还是会指出一些解决的方向吧。关键是，除了回归各自的体验，别无他法。我坚信，像上述哲学的、宗教的、超逻辑的问题的解决方法及其表述，采用禅这种确实很独特的形式，在东西方思想史上都是值得大书特书的。

宇宙灵

宇宙灵在个多中生生死死地活着，并以自觉的方式将其功用（用）表现出来。

禅者之所以能以其特有的表现形式将宗教体验表象化，就是缘于汉民族原本就有的心理上的独特性，而我想说的是，这里面还有更深奥的可称为“宇宙灵”的作用。

不知道“宇宙灵”这一词语是否合适，总之从人类的角度来看，宇宙是活的，不是保持静止、寂然不动的静态。所谓“活”，就是在个多方面虽有生死，但生死其生死，且在其中有不生，即不生的生或无生的生。这就叫宇宙灵。人们给它起了各种各样的名称，但是我在这里权且称其为“宇宙灵”。这个灵在个多中生生死死地活着。生最单纯的原型是动。这是物理性，是电子的旋转，是原子的吸引与排斥，是电的阴阳性等。换言之，生就是力，是最原始意义上的力，不是概念性的第二次发展的力，是所谓单纯地动这一意义上的力。

将之加以限定，可以说灵就是力。这种物理的、机械的、化学的力一旦跃动起来，成为叫作生命的东西，灵的姿态便会更加鲜活地表现出来，而且有了更深的意义。可以说一切生物在这一点上比起物理的、化学的东西更富有灵性。但是他们只知道生死、繁殖，没有自觉的生活。虽然多少有些像心理学上的自觉的影子似的东西，但却没有灵性的、宗教的自觉，没有无分别即分别性的自觉。这些到了人类这里才开始出现。在某种意义上也可以说人类就是宇宙灵本身。但是前面也说过，灵的特质在于运动不止，因此必须说灵永远有无限的可能性。而且因为这种可能性，不能将人类与灵平等看待。灵通过个多的人类，将其中所包藏的可能性无穷地显现出来。因为可能性是无限的，所以显现也是无限的、无穷的。人类作为人类，拥有无限的可能性。可以说全人即全灵，其可能性不出自现成。为什么这么说呢？因为灵的可能性不受时间的约束。说到可能性，其中原本包含时间上的显现的意义，但这是从分别意识上来看的。从无分别之分别的体验的真谛来看，可能性是不可得的，因为可能性是即时地当场显现的全部。在此形成禅者独特的表现形式的基础。当禅舍去印度式的、概念性的、抽象的、文字性的表现形式，发挥大机大用或整体作用的时候，可以说禅就被从人类的、间接的、需要媒介的意向中解放了出来。也就是说，灵以自觉的方式将其功用（用）表现了出来。语言文字原本是人类的产物，其中总是附带着分别性。也就是说，人类逻辑的分别性产生了语言文字。

语言文字的发明给人类的思维带来了难以形容的贡献，这是毋庸置疑的事实，正像0的发现促进了数学的进步一样，也像地图的绘制、天体的照片都使人类更容易地把握环境一样。但是我们不认为数字是实际的个多，也不会说地图本身就是地球，星图本身就是天体。而到了语言文字这里，却想将其自身作为经验的事实本身来接受，这就是我们人类的分别知。毫无疑问，禅发挥出整体作用，实际上就是禅对这种分别知的错误所施加的一大铁锤。语言文字是闲葛藤[①]，是参天的荆棘林。突破它，并觉悟到灵的功用不是一件容易的事。因此，禅说不立文字，直示单传。不消说，在思维的符牒上，语言文字与数学的数字以及符号是相同的。禅不想通过概念

① 葛藤——禅宗把语言文字比喻成葛藤，谓语言文字像葛藤一样缠绕蔓延。本想用语言文字来解释教义，却反而受到它的束缚。另，也指公案中难以理解的语句；也引申为问答工夫。玩弄无用的词句，叫闲葛藤。

来处理经验，它试图契合经验，企图原封不动地单传经验。禅努力想使灵赤裸裸地表现出它的自觉，因此不得不将语言文字即概念作为媒介来浮现灵的自觉，且不得不亲自使它的选择差异化，必须将大机大用的意义汲取进来。所以禅者使用的语言不具有概念性，只是一种喊叫或者感叹词，或者说只不过是带有性情的批判，也可以说这里体现出禅的本质性的东西。

反射性之外的东西

无分别之分别只有在人类的灵性的自觉中才是可能的，所以灵的自觉是无分别之分别，无功用之功用，无作之作。

临济的一喝——“不作一喝用”的“一喝”——不是语言。从某种意义上说就是猫的喵喵、牛的哞哞，而临济的一喝是灵的自觉所发出的，不单是本能的、动物式的无自觉性的声音。踩到猫的尾巴，猫就会喵叫一声；打到人的头上，人就会喊“疼”。这些都是反射神经的作用，但喵声还没有通过灵的自觉，普通人的“疼”也与喵声相去不远。只有对那些在灵的功用上体会到无分别之分别的人，“疼”才有反射性叫喊之外的意义。禅的意图正在于此。因此禅经验是冷暖自知之外的体验，必须在感觉的直接性之上加上作为灵的自觉。只有听到还未生的乌鸦的叫声，猫的喵叫才具有灵性的意义。如前所述，太原孚上座偶然站在仓库前的时候，有一僧来问：

“如何是触目菩提？”

僧人想说的是：“人们以为，无论是什么，眼睛所看到的都是佛道（菩提），请您说一下其中的含义。”某些人很无聊地评论说，如此看来，佛教就是泛神论。这先姑且不论，问道禅僧想探寻的是“触目菩提”的含义。这时，孚上座用脚踢了一下趴在两人旁边的小狗崽。小狗“汪”的一声跑了出去。禅僧不明白孚上座为何做出如此调皮的动作，没有说话。上座说：

“小狗子不消一踢。”①

他想说的是：“这小狗崽，真是不值一踢啊。”禅僧还是不明白，无论怎样被视为小狗，都是不得已的事，因为关于灵的功用，他还没有无分别之分别的自觉。小狗的汪汪还只是汪汪。在还没有听到不叫的狗的声音的时候，即使从早到晚这里也汪汪，那里也汪汪，也还是无法明白触目菩提。孚上座想通过小狗的汪汪来唤醒问僧灵性的自觉。但是时机未熟，禅僧只接受视同小狗，而没能领会更高的境界。虽然从逻辑上说是无分别之分别，但结果却是不消一踢。

灵是力，且发挥功用，但如果没有自觉，就不是灵。当灵是个多时，自觉才被唤醒，而且必须是人类。若没有人类，宇宙灵就不能表现为灵。不可想象在没有人类的地方会有灵。因为事实上，即使有，也等同于无，不会发挥灵的功用。由于临济的一喝或者德山的棒子，灵成就了自己的功用，换言之，宇宙灵通过这个功用而存在，为世人所知。但是实际上却没有可让他人知晓的东西。为什么这样说呢？因为无分别之分别只有在人类的灵性的自觉中才是可能的，在这种可能成为现实，或被体验的时候，才是乾坤唯一人。从这个意义上讲，它是真正的唯心论，是真正的神人同体说。

现在，虽然将德山的棒子与临济的一喝一起拿出来作为引证，但是必须在德山的棒头看到宇宙灵的功用。据传德山经常说“道得也三十棒，道

① 出自《景德传灯录》卷十九《太原孚上坐》。“师在库前立，有僧问：‘如何是触目菩提？’师踢狗子作声走，僧无对。师曰：‘小狗子不消一踢。’”师，即太原孚上座。

不得也三十棒”[①]。假定道得是肯定，道不得是否定，肯定也有过错，否定也是乖离，那么怎样做才好呢？它处在分别知的境地的时候，常常会成为烦恼的种子。但是，用分别知的逻辑终究捕捉不到灵，必须一棒打破其两边。而且在这个打破的时节还要看到德山手中的棒子挥向天空。这也被称为“八角磨盘空里走”[②]。要看到这个，还必须是埃克哈特的眼。但是这只眼哪怕稍微凝视一下，德山的棒子也肯定会像雨点一般落在你的头上。必须在德山的棒头看取宇宙灵的功用，但是“看取”哪怕是瞬间停下它的影子，灵也已经不在那里了。一旦说灵的自觉是无分别之分别，那么这听起来似乎很合乎逻辑，但最终一定是无功用之功用、无作之作、江月照松风吹，永夜清宵何所为[③]。觉即用。

---

① 出自《五灯会元》卷七《德山宣鉴禅师》。“示众曰：‘道得也三十棒，道不得也三十棒。’临济闻得，谓洛浦曰：‘汝去问他，道得为甚么也三十棒？待伊打汝，接住棒送一送，看伊作么生？’浦如教而问，师便打。浦接住送一送，师便归方丈。浦回举似临济。济曰：‘我从来疑著这汉。虽然如是，你还识德山么？’浦拟议，济便打。”

② 语出《圆悟禅师心要》。

③ 出自《景德传灯录》卷三十永嘉真觉大师《证道歌》。“江月照，松风吹，永夜清宵何所为？佛性戒珠心地印，雾露云霞体上衣。”

用是知，知是用

在个多即人类的自觉方面，只有宇宙灵的功用被认识，灵才是灵；如果人类自觉的背后没有灵，它也只会成为感性的东西，二者彼此相依才会形成无分别之分别。

宇宙灵对其自身来说是含混不清的，甚至可以认为是无，但是因其功用而被知晓。在个多即人类的自觉方面，只有它的功用被认识，灵才是灵。但是人类的自觉——不是心理学的，而是灵性的、宗教的自觉，如果背后没有灵，那么它只会成为感性的东西。仅靠冷暖自知，不是禅经验。虽然要通过冷暖自知或见闻觉知、心理学的自觉、生物学的感性，但在此之上还必须再加上一个被命名为“灵性的”的东西，因此灵作为灵就是无，自觉作为自觉就没有意义。只有彼此相依，才会形成禅经验。在此被叫作无分别之分别、分别之无分别。从中可以读出“二由一有，一亦莫守”的含义。不知道灵性的东西是不是一，但是假如谈起个多、万有的话，那么除了叫作“一”，再没有更好的了。不是0，也不是数学上的1，但既然是个“什么”，那么叫作“一”，也最好以分别知的方式来叫。但是禅有禅的独特性，它用自己的方式来表述其间的消息。在此试举二三例。

权且命名为宇宙灵的东西，在佛教中有时称作“法身”，是三身——法身、报身、应身——之一。可以看作从人格的角度来表象绝对的存在，有时这就是禅问答的主题。云门文偃与某僧就法身的问题问答时，云门问：“您是如何领会法身的？”僧答：“与么，与么。”也就是“是呀，是呀”之类的意思，是对存在或事实的首肯。这时，禅僧可能想说“法身就是这个身”吧。也可以认为是这样的解释，即“不可解”的宇宙灵就是不可解。云门说，这样一来，引不出法身。于是云门接着问：

“这个是长连床[①]上学得底。我且问你，法身还解吃饭么？”[②]

那样的回答只不过是昏昏沉沉坐禅时猛然想到的，是抽象的，是与日常无缘的梦幻般的肯定。云门说，就这样的法身而言，“无”也是一样的。之后他又问：“法身要吃饭吗？”实在是古怪突兀的问题。我想说，若说到宇宙的最高原理、宇宙灵之类的问题，那是非常高贵的，不像我们这样还具有吃饭之类的生物性或动物性。云门的问题一定会被看成是冒犯宇宙灵的威严的。禅僧语塞，不知如何回答，于是沉默不语。

但是，灵之所以为灵，就在于它不能只作为“灵性的”东西就够了。若是这样的话，它就不能映在埃克哈特的眼中，而且靠我们的眼睛也不能看到。灵必须成为肉。不能说肉本身就是灵。但成为肉，而不出现在我们之上的灵就是无，对我们毫无意义。宇宙灵也一定会成为雪隐[③]的麻烦。于是在成为麻烦的地方，灵完成了它的意义。法身肯定要“解吃饭”。一说到从崇高到卑俗，总觉得会使人发笑，但这是分别世界的事情。虽说如此，也不能说尊卑贵贱一切平等。尊贵是尊贵，卑贱是卑贱，而且不论哪个都

① 长连床——僧堂里可以多人起卧的大床。

② 出自《五灯会元》卷十五《云门文偃禅师》。“问：‘如何是法身向上事？’师曰：‘向上与汝道即不难，作么生会法身？’曰：‘请和尚鉴。’师曰：‘鉴即且置，作么生会法身？’曰：‘与么与么。’师曰：‘这个是长连床上学得底。我且问你，法身还解吃饭么？’僧无对。”师，即云门文偃。

③ 雪隐——厕所的隐语。

在分现或表象宇宙灵的地方，丈六的金身佛成为一茎草，一茎草也成为丈六的金身佛[①]，一点儿也不感到凝滞。只是我们要注意，在宇宙灵与己灵的即非性的关系中，要有正确的认识。

① 一茎草与丈六金身并举，表示心佛不二、物我一如。出自《景德传灯录》卷十《赵州观音院从谂禅师》。“师自此道化被于北地，众请住赵州观音。上堂示众云：‘如明珠在掌，胡来胡现，汉来汉现。老僧把一枝草为丈六金身用，把丈六金身为一枝草用。佛是烦恼，烦恼是佛。’时有僧问：‘未审佛是谁家烦恼？’师云：‘与一切人烦恼。’僧云：‘如何免得？’师云：‘用免作么？’”师，指赵州从谂。

法身

“法身”分为法身边的事和法身向上的事。如果没有般若的即非逻辑，就不能深刻理解法身。

有的时候，不将法身看作三身之一，也不看作宇宙灵、己灵，而是从绝对存在的角度来看法身。但是这样严格限定地言说，便不是禅者的得意之处。似乎明白，又似乎不明白的地方——这里有实际的人类生活，会变成摩诃不可思议[①]或不思量底思量，但禅者的意图是做到思想永远清晰，而且井然有序。因为这样做才是分别思想的存在价值。总之，禅者赋予“法身”这一词汇非常独特的意义，分成法身边的事和法身向上的事。

疏山匡仁[②]是洞山良价的弟子。一次，他对上堂说：

“病僧咸通[③]年前，会得法身边事。咸通年后，会得法身向上事。”（病僧，即自己）

① 摩诃——梵文 mahā 的音译，意思是大、多、胜、妙等。摩诃不可思议，即非常不可思议。

② 疏山匡仁——生卒年不详，大约 857 年前后在世，吉州新淦（江西）人，字圆照。洞山良价法嗣，终住金溪疏山，建白云禅院（今疏山寺）。

③ 咸通——唐懿宗李漼年号。

也许正因为他是疏山，所以才会说出这样的话。法身向上之事似乎也叫透法身句。后来学禅的方法逐渐进步，形成这样的步骤，即将法身（或叫理致）作为初入，然后是机关，然后是向上。从日本的江户中期[①]开始，经白隐禅师等人之手，形成法身、言诠、难透、向上这样的顺序。无论哪个，在完成禅经验方面，分为两大阶段是比较合适的。探寻古人的经验轨迹，则可作如是观。初入的经验和向上的一路之间，在客观看到的理的方面，虽然看不到丝毫相异，但在个多的心理体会这点上，却能寻到可称为"进展"的痕迹。也许不应说在心理方面，而应该说是在无分别之分别的方面，过去的体得更增添了光彩。不管怎样，疏山上堂区分了法身边事和法身向上事。这时，云门上前问道——

问："如何是法身边事？"

答："枯桩。"

问："如何是法身向上事？"

答："非枯桩。"（枯桩，枯朽的木桩、树桩。桩子，不是什么像样的东西，枯朽的树桩，更是不值一提。）

云门不满足于此，更进一步问道——

问："还许某甲说道理也无？"

答："许。"

问："枯桩岂不是明法身边事？"

答："是。"

问："非枯桩岂不是明法身向上事？"

答："是。"

---

① 日本的江户时代（1603—1867），由德川家康开创。

云门希望这样一步一步地触及问题的中心。疏山对每一个问题都持肯定的态度。这时云门转变角度问——

问："只如法身，还该一切也无？"

答："法神周遍，岂得不该？"

云门先已确认了疏山对于法身的见解，这回他想从个多的角度看看个多与法身的关系。于是，云门指着旁边的净瓶——

问："只如净瓶，还该法身么？"

一般认为净瓶为法身所摄，但被限定为净瓶的个多同时兼为法身，这在某种意义上被肯定，但在某种意义上又不被肯定。关于这一点，云山想知道疏山的见解如何。

答："阇黎莫向净瓶边觅。"[①]

法身即净瓶，净瓶即法身，但又不能这样将两者完全地视为同一。法身作为法身，与枯桩、净瓶等个多相对；枯桩、净瓶作为各自的个多，是与法身不相容的存在。但是要原封不动地保持这个对比、这个矛盾，在枯桩上看法身，又在法身之中看枯桩。无论是哪个因为哪个，其存在都是可能的。但是法身不应在枯桩或净瓶这边来求，换言之，当个多被视为个多时，从这里就能看到法身，但是因为法身不是个多，所以不能把它作为独自的存在来接受。一旦这样接受，法身也就消亡了，个多的世界也消亡了。与其说消亡，不如说被认定的我们的世界已不再是世界。如果没有认知，

① 出自《五灯会元》卷十三《疏山匡仁禅师》。

也就没有认知的对象。

疏山给云门的回答可通过前文所述来解释。净瓶不是原来的净瓶，枯桩亦如此。不论哪个都必须经过一次否定。枯桩（净瓶）非枯桩（净瓶），只是将它命名为枯桩（净瓶）。如果没有般若的即非逻辑，就不能深刻理解法身边事和法身向上事。但并不是有逻辑就有经验，而是给经验的可能赋予逻辑而已。

一人

法身的一人与现身的一人以怎样的关系发挥功用？二者两两相对，且不失回互性和自我同一性。

在禅宗中，法身的人格化不像净土宗那样带有具体性。我们平时将人的心的功用分为知、情、意[①]。若将这种区分方法应用于此的话，那么净土宗更加倾向于情性，罪业意识强烈。禅是非常知性的，厉行意的修行。因此，法身是那个且单一的一人。有时也是坐具，也是拂尘，甚至还是枯桩、干屎橛[②]。但是净土宗思想，究其根本，是与禅宗思想关系非常紧密的。禅宗的一人大多也具有可以佛格化的倾向。只是因为从历史的角度来看，禅总是包含着印度式的静观性和中国式的力用性，所以有时会很突出地表现于外。

下面所引的问答体现出法身的一人与现身的一人以怎样的关系发挥功用。这些公案也有助于了解上文一直絮絮叨叨地解说的宇宙灵与己灵、无

① 知、情、意——按心理学的解释，知、情、意是人类心理活动的三种基本形式。知指认知、观念；情指情绪、情感；意指意志。

② 干屎橛——原指拭净人粪的小竹木片（厕筹），喻至秽至贱之物。橛，短木桩。屎橛（音jué），又叫厕筹、净筹、净木、厕筒子等。

分别与分别、唯一与个多等思想在禅中是怎样被接受的。

云岩昙晟煮茶时，同僚道吾问道——

问："煎与阿谁？"

答："有一人要。"

问："何不教伊自煎？"

答："幸有某甲在。"①

乍一看，似乎只是无关紧要的日常谈话，而且言辞中似乎也没有任何幽玄的暗示。"这个茶煮给谁呀？""这个呀，有人想喝。""那人自己不会煮吗？""因为正好我在这儿。"只是这样的一问一答。如果从分别知上进一步评判其中所包含的意义的话，就是这样的："有一人要"的"一人"，他自己不能煮茶，而且也不可能只有一人要茶。因为有"幸有某甲在"的这个"某甲"，所以能够通过他的手煮茶，而且刚才说要茶的一人也通过这个某甲发挥了要意识的功用。"一人"和"某甲"，不是处在分别性的个多的世界。但是，所谓要这个功用，所谓煮这个功用，如果不是某甲所在的分别或个多的世界，是无法成为现实的。要也好，煮也好，只有在现实的个多的世界才可以说。但是，如果其背后没有"一人"，那么现实就不是现实，个多也不能维持其个多性。也可以说"一人"如果只是自己的话，就不煮，或不能煮。无论如何也必须得是"某甲"。某甲只是某甲的话，既没有要，也没有煮。如此说来，既不是"一人"包含"某甲"，也不是在其之上；既不是"某甲"将"一人"纳入自己之中，也不是自己即是如此。一人和某甲两两相对，且不失回互性和自我同一性。

一日，在玄沙师备的僧堂进行普请②，僧堂的禅僧们都出去运柴禾。这

---

① 出自《景德传灯录》卷十四《潭州云岩昙晟禅师》。

② 普请——禅宗集合僧众一起劳作。

时玄沙说：

“汝诸人尽承吾力。”（你们大家都在用我的力量劳动。）

师父这么一说，其中正在干活的一个弟子问道：

“既承师力，何用普请？”（要是仰仗您的力量，我们大家还用这样劳动吗？）

对于除了分别知一步也迈不出的人来说，这是最为尖锐的质疑。玄沙的提示本来就是想引出这样的疑问。果然有人中了圈套，于是玄沙呵斥道：

“不普请，争得柴归？”（如果大家不出来劳动，谁来担柴呢？）[①]

就是这样的语气。仅凭师父的力量是不行的，没有师父的力量也不行。但现实当中，只要认为有个多的世界，就必须得有普请的人。前面所说的一人和某甲，可以与这里的师和普请的大众相比照着来理解。大众的普请靠师父的力量是可能的，如果师父的力量不是大众的普请，就不会发挥功用。师的力量和普请、普请和师的力量，必须分开考虑，但其圆环性必须要用埃克哈特的眼来看。在此可以谈禅经验了。与其说是经验本身，或许经验的表现方法更好吧。顺便再举一例。

在雪峰义存的僧堂，也有一次大众的普请。雪峰也一起在山里劳动，一只猴子跳到路边。于是雪峰说道：

① 出自《景德传灯录》卷十八《福州玄沙师备禅师》。

“人人有一面古镜，这个猕猴亦有一面古镜。”

顺便说一句，从唐到五代的禅僧，不论上下，堂内劳动自不必说，也努力进行户外的劳作。这是禅堂生活的特色。我觉得，这样的宗旨只有在中国才得以发展。我还必须说，佛教通过中国传到日本的确是一件幸事。虽然今天衰退了，但能够追忆禅风佛迹的，也只有日本了吧。师父和弟子一起砍柴、担柴，运枯草、舂米、擦板房，这样的光景只有在禅寺才能见到。所以禅师在生活的方方面面都不忘为弟子阐发禅理，弟子也努力不使日常生活与学禅分离。

雪峰看到猴子，立即给大众以启发。然而，跟大众一起劳作的人并不都是无眼子了，其中也隐藏着能人。这次就有一个名叫三圣慧然[①]的临济门下的杰出人物。听到雪峰的启发，他说：

“旷劫无名，何以彰为古镜？”

这不是可被限定为古镜的东西吧。超越时间和空间的绝对者虽然称作宇宙灵、法身，但也都已经被限定了。人们的古镜、猕猴的古镜、己灵的古镜、个多的古镜，诸如此类一旦命名，无名便没有了，无分别也消失了。彰显就是分别。分别之中没有无分别。无分别非分别。

“敢问和尚以什么分别无分别？要给无名命名吗？”这是三圣的挑战。如果在我们当中向普通人谈论哲学或逻辑的问题，肯定会从说“噢，这是……”开始，然后回顾东西古今的思想史，这样做是否能解决问题都非常令人怀疑。而对方也是一个有名的禅师，因为是单刀直入地诘问，所以讨论不起来，直接就逼近各自的经验事实。曰：

---

① 三圣慧然——唐临济宗僧人，生卒年、籍贯皆不详，住镇州（河北石家庄一带）三圣院。

“瑕生也。”（这个嘛，有瑕疵呀。）

这样言说的意思就是旷劫无名，在自性清净、本来无一物的古镜的镜面上出现了阴影。在反省“何以”时，无分别被分别，分别就是无分别的阴影，就是瑕疵。但是，无分别状态下的分别什么也不是。仅凭师的力量担不了柴，只有一人就不煎茶，就煮不了茶。但是一开始煮的话，这茶就有时煮得好，有时煮不好。如果一人变成两人，变成三人，变成千万人，茶也不会惠及每一个人吧。于是，麻烦出现了。古镜变得满是瑕疵，但是，古镜却不失其作为古镜的理由。古镜只是有瑕疵，古镜的本来性即它的光照仍会熠熠生辉。师的力量的场合也是一样。普请的人越多，所担的柴越重，越能看到师的力量。“瑕生也”没有妨碍古镜的无名性。瑕疵可以再生得多些。但是如果看到这个瑕疵，且被它吸引，那么古镜就完全失去了它的光彩。分别不是离开无分别之后的分别，必须是无分别之分别。但是这样说的只是我们这些俗人，禅师之间则大不一样。三圣说：

“这老汉着甚么死急？话头也不识。”（哎呀，狼狈一些也无妨啊。和尚连话头也听不懂吗？）

总之，可以像火烧眉毛那样吵嚷着“瑕生也”什么的。无分别之分别、古镜的瑕疵或阴影，这些东西本来就是应该有的，可以任其有无。如果不生瑕疵，那么古镜的光从一开始就不会有。瑕疵无论生多少都可以，生得越多，古镜越亮。这些地方就是三圣反击的着眼点。禅的一问一答，可以看成像击剑一样，也可以看成寻常普通的话题。因此雪峰说：

“老僧住持事繁。”[①]

雪峰又恢复到平常说话的样子。没有什么难的。“啊，是这样呀，最近常常忘事呀。”这么说就够了。的确如此。禅的解释、哲学的推理，什么都不需要。最好是非常干脆地用无功用行来了断。事情的起源似乎是哲学性的、宗教性的问题，结尾却不知如何收束。应该这么说吧——大风一过，剩下无心的月亮在天边闪亮。

① 出自《五灯会元》卷七《雪峰义存禅师》。《景德传灯录》有几段记载与此相近，卷十六《福州雪峰义存禅师》，雪峰义存“普请往寺庄，路逢猕猴。师曰：‘遮畜生，一人背一面古镜摘山僧稻禾。’僧曰：‘旷劫无名，为什么彰为古镜？’师曰：‘瑕生也。’僧曰：‘有什么死急？话端也不识。’师曰：‘老僧罪过。’”卷十二《镇州三圣院慧然禅师》，“师（按指三圣慧然）在雪峰，闻峰垂语云：‘人人尽有一面古镜，这个猕猴亦有一面古镜。’师出问：‘历劫无名，和尚为甚么立为古镜？’峰云：‘瑕生也。’师咄曰：‘这老和尚话头也不识。’峰云：‘罪过，老僧住持事多。’”卷十八《福州玄沙师备禅师》也有一条关于雪峰与古镜的记载，可作参考。“雪峰曰：‘世界阔一尺，古镜阔一尺；世界阔一丈，古镜阔一丈。’师（按指玄沙师备）指火炉曰：‘火炉阔多少？’雪峰曰：‘如古镜阔。’师曰：‘老和尚脚跟未点地。’”

行脚的法眼

若没有知，无功用的行为就不成其物——行直接与知发生关系。

如上所述，从禅经验来看，无功用行的由来在什么地方，我想我们已大体知道了。禅者又是怎样来宣扬、传播、表述这些经验的，我们也述说了一些。但是，禅者并非都像雪峰、三圣以及其他的禅师那样经过了商量。他们没有忘记在原本的日常生活中探究禅。这里当然有修禅的独特性，但是实际上他们平生都在把我们只是抽象地、概念性地加以处理的问题直接融入到我们的举手投足当中。这样的例子也已经举了很多了，再添一例。

法眼文益是法眼宗的祖师，与华严教派渊源甚深，是五代时的禅僧。他在各地行脚时，与法进、绍修[①]等同学一起去南方，因为下雪，在湖南的地藏院稍事休息。那里的和尚桂琛[②]问——

问："上座何往？"

① 绍修——龙济绍修，生卒年不详，罗汉桂琛法嗣。后居龙济山。

② 桂琛——罗汉桂琛，俗姓李，浙江常山人，玄沙师备法嗣，后住漳州罗汉院。

答："逦迤行脚去。"

问："行脚事作么生？"

答："不知。"

三个行脚僧不会是果真知道却说"不知"的吧。人生本来就是行脚，不知道从何处来，往何处去，却像日日行脚不止。桂琛的问题绝不是日常等闲的问题。因此，云水僧[①]针对"不知"，立即接过话来——

"不知最亲切。"

"不知"也有很多种含义。无分别之分别也是某种意义上的不知不会，但是这与不可知论的不知正相对立。桂琛的不知本来就不是三个云水僧所说的不知，而是将后者的字面含义反过来使用。说"最亲切"是为了启发行脚的僧人们。然后，紧接着当时，抑或是第二天吧，这些人就讨论起《肇论》[②]中的"天地与我同根"[③]之类的了。这时，桂琛说：

"山河土地与上座自己是同是别？"

法眼回答：

"别。"

---

① 云水僧——行脚僧，云游僧人。

② 《肇论》——全一卷，后秦僧肇所撰的佛教哲学文集，南朝梁陈时人汇编而成。

③ 《肇论》："天地与我同根，万物与我一体。"

于是桂琛竖起两根手指。这次法眼说：

“同。”

桂琛依然竖起两根手指，然后起身离开了。桂琛的两根指头暗示着什么呢？法眼和其他两位行脚僧想必都没有完全理解吧，心中不由得生起涟漪也是很自然的吧。

雪停了，三个行脚僧辞别地藏院准备出发，桂琛将他们送至大门口，然后开始了告别的问答。桂琛说：“上座寻常说三界唯心，万法唯识，但假若果真如此……”他指着院子里的石头问：“且道此石应该在你的心内？还是应该在心外？”法眼答：“在心内。”桂琛说：

“行脚人著甚么来由，安片石在心头？”（你们为什么将石头挂在胸前到处行脚呢？）

法眼等人至此无言以对。他们此前一直有觉得内心不安的东西，这次终于下决心在地藏院作出抉择。因此在桂琛座下滞留了一个多月，法眼充分表达了自己的意见，并请求指正。桂琛经常说“佛法不是这样”，否定法眼的道理。法眼手足无措，请求给予教诲：

“某甲词穷理绝也。”（我不知如何是好了。）

桂琛见时机成熟，便一语喝破：

“若论佛法，一切现成。”

因此一言，法眼大彻大悟。[①]“一切现成”不只是字面的意思，也不是原本如此。首先必须置于词穷理绝，进退两难，生也不是死也不是的地步。如果不到这种地步，无论怎样的“一切现成”，都毫无意义。法眼到此时为止一定不知听过多少次“一切现成”，但都是马耳东风，不明其意，直到这里才开始体会到其含义。禅由此而生。无功用的行为若没有这个知，就不成其物。这是般若式的无知之知，即非逻辑之知，而且是无取舍分别的、没有巧伪的知。因为这个知，才得以使用十二时辰。有僧问法眼：

“十二时中，如何行履即得与道相应？”

法眼说：“取舍之心成巧伪。”[②]

这说明行直接与知发生关系。

---

① 这段公案载于《五灯会元》卷十《清凉文益禅师》，法眼文益“后同绍修、法进三人欲出岭，过地藏院，阻雪少憩。附炉次，藏问：‘此行何之？’师曰：‘行脚去。’藏曰：‘作么生是行脚事？’师曰：‘不知。’藏曰：‘不知最亲切。’又同三人举《肇论》，至‘天地与我同根’处，藏曰：‘山河大地，与上座自己是同是别？’师曰：‘别。’藏竖起两指，师曰：‘同。’藏又竖起两指，便起去。雪霁辞去，藏门送之，问曰：‘上座寻常说三界唯心，万法唯识。’乃指庭下片石曰：‘且道此石在心内？在心外？’师曰：‘在心内。’藏曰：‘行脚人著甚么来由，安片石在心头？’师窘无以对，即放包依席下求抉择。近一月余，日呈见解，说道理。藏语之曰：‘佛法不恁么。’师曰：‘某甲词穷理绝也。’藏曰：‘若论佛法，一切见成。’师于言下大悟，因议留止。”藏，指地藏院罗汉桂琛。

② 出自《景德传灯录》卷二十四《升州清凉院文益禅师》。

第三编

禅问答

禅必须找到讲述自己的方法，这个方法就是禅的问答。禅的思想幽旨通常专门用一问一答的形式来阐明，这是禅思想史的独特性。但是禅也没有忘记用韵文的形式形象地吟咏，或通过吟咏汉族洗练的词句来弘扬禅意。

日本曹洞禅以道元禅师为开山祖师。其宗徒以禅师所著九十五卷《正法眼藏》为本宗的金科玉律，每日钻研，犹觉时日不足。确实如此。一方面禅师总是说“只管打坐”“兀兀地”，另一方面，禅师又屡屡说“辩道”。坐禅、辩道在《正法眼藏》中随处可见。辩道，又叫参究、参学、究辩、究彻。若只看一面，就会觉得道元禅无为无作，是典型的默照禅。但从另一方面来看，单单大著《正法眼藏》就是一项大事业。其中所究辩的古则公案自不待言，若考察一下其著作本身的独到见解和研究，以及新奇的文字和文法，我们便能知晓，禅师是一个天才，可称得上是异于常人的思想家——禅思想家。可以说，镰仓时代发扬了日本思想文化的创造性。

这虽然是对禅的“参究”，却也可看作与禅的本质不相容的东西。于是也可以说，道元的九十五卷著作是何其闲葛藤哉。道元辩道、坐禅并行，为了示范前者，他写了《正法眼藏》。但是他的子孙的眼睛却因此而瞎到何种程度呢？只有知者自知吧。原本禅就是“错用心”，无论是谁都必须承受这一声断喝，而不仅仅是道元禅师一人。两千年前，释尊在尼连禅河畔的菩提树下看见明亮的星星之后，那些所谓的佛佛祖祖之类，就悉数错用心了。人们透彻了解这一点，却又欲罢不能。道元也非常清楚这一点。《山水经》[①]云：

“转境转心，大圣之所呵；说心说性，佛祖所不肯；见心见性，外道

① 《山水经》——道元《正法眼藏》之一卷。

之活计；滞言滞句，非解脱之道着。”

“滞言滞句”原本就不是解脱之道着，而见心见性如何？说心说性又如何？从前的各位圣贤不是都已经教之、修之、证之了吗？道元不是也写下《说心说性》篇、《见佛》篇、《佛性》篇、《即心即佛》篇等许多著作了吗？他自己虽然没有犯滞言滞句之过，却让他的读者陷入滞言滞句之境。对九十五卷《正法眼藏》的罪过再清楚不过的，其实就是著者禅师本人。

但他还是紧接上句，又写下如下文字：

“透脱如此之境界，所谓青山常运步也，东山水上行也，可审细参究。”

由此观之，我们不得不说，“一切错用心”都是在参究、究彻青山常运步、东山水上行的时候透脱出来的。若果真如此，较之九十五卷这个庞然大物，所谓一问一答的禅语足矣。如果“不触事而知”的知，就是宏智所说的“无偶”，就是“无取”，就是“奇”，不是见闻觉知的境界，而是“尽十方世界是一颗明珠”[①]的知，是出自“有水之看水之参学，有水之修证水之参故，有水之道著水之参究”（《山水经》）的知，那么九十五卷自不必说，即使“以虚空为纸，以大海为砚，以须弥为笔”，费百千万劫而作一大著述，肯定还有不可言尽、不能写尽的东西。不过尽管如此，若从那被言尽、被写尽之处来看，一言一句也不免为赘语。若从东方的，特别是日本人的心理来看，也并非无论什么都靠扬眉瞬目、咳唾掉臂来解决吧。先例可见维摩

① 出自《景德传灯录》卷十八《福州玄沙师备禅师》。“僧问：‘承和尚有言“尽十方世界是一颗明珠”，学人如何得会？’师曰：‘尽十方世界是一颗明珠，用会作么？’师来日却问其僧：‘尽十方世界是一颗明珠，汝作么生会？’对曰：‘尽十方世界是一颗明珠，用会作么？’师曰：‘知汝向山鬼窟里作活计。’”师，即玄沙师备。

一默[①]、禅者之良久、据座[②]等。特别是不举言，这是我们的祖先实际看取并领悟禅的究竟之后的行为。

所以，在此介绍禅之问答才最合时宜吧。首先就从道元自己所引用的“青山常运步”“东山水上行”“一颗明珠”开始。

“青山常运步”，语出南宋芙蓉道楷[③]。据说宋徽宗曾赐其紫衣和禅师称号，但他坚辞不受，因而获罪。一次上堂，过了一会儿，他说：

青山常运步，石女夜生儿。[④]

意思是：“青山总是在行走，石女夜间生了孩子。”这不是在我们的分辨意识中可以读懂的话。这已经是无论是谁，只要稍微读一点禅文学的人就能懂得的事情。禅者总是想选择与我们所走之路相反的路。这是必然的，否则就不能彻悟禅旨。

还有一次，有人问道楷：“道是什么？”他回答：

“无角泥牛奔夜栏。”[⑤]

十二月三十日，年末上堂，他这么说：

---

① 维摩一默——语出《维摩诘经·入不二法门品第九》。“于是文殊师利问维摩诘：‘我等各自说已，仁者当说何等是菩萨入不二法门。’时维摩诘默然无言。文殊师利叹曰：‘善哉！善哉！乃至无有文字语言，是真入不二法门。’”后有“维摩一默一声雷”之语。

② 良久、据座——语出《碧岩录》卷七第六十五则圆悟评唱。“这一则公案，话会者不少，有的唤作良久，有的唤作据坐，有的唤作默然不对。且喜没交涉，几曾摸索得着来？此事其实不在言句上，亦不离言句中，若稍有拟议则千里万里去也。”良久，原意为许久之时间，禅宗指无言无语之状态。师家接引学人时，学人提出疑问，或呈上自己之见解，或回答其师之问题，师家常以“良久”之静默态度来表示认可或反对。

③ 芙蓉道楷——俗姓崔，山东沂水人，曹洞宗投子义青法嗣。后结庵于江苏芙蓉湖畔。

④ 出自《五灯会元》卷十四《芙蓉道楷禅师》。

⑤ 出自《五灯会元》卷十四《芙蓉道楷禅师》。

腊月三十日已前即不问，
腊月三十日事作么生？
诸仁者到这里，
佛也为你不得，
法也为你不得，
祖师也为你不得，
天下老和尚也为你不得，
山僧也为你不得，
阎罗老子也为你不得。
直须尽却今时去。
若也尽却今时，
佛也不奈他何，
法也不奈他何，
祖师也不奈他何，
天下老和尚也不奈他何，
山僧也不奈他何，
阎罗老子也不奈他何。
诸人且道：
如何是尽却今时底道理？
还会么？
明年更有新条在，
恼乱春风卒未休。[①]

道楷上堂的归趋在于“尽却今时”。所谓“今时”，是指旧年将去，而新年还未到来的一刹那。这未必是人们制定的历法上的腊月三十日，而是

① 出自《五灯会元》卷十四《芙蓉道楷禅师》。

我们生存的每一刻。也就是说，是生而死，死而生的一刹那，是忽然念起的转机。在参究、究彻这个一时的时候，阴穷而一阳来复。明年更有新条在，柳绿花红的春天将会来到。

“东山水上行”是云门文偃的答语。云门乃云门宗之祖，五代时兴盛的禅宗数得上的名家。一次，有人问：“如何是诸佛出身处？”答曰：

“东山水上行。”[①]

这话的意旨与前文道楷所说的“青山常运步”相同。有时也说“桥流水不流”[②]。我们的分别意识已经认定，山是不动的，水是流动的。就是说，这与科学家先限定了研究题目，然后尽量不跑到题外，使研究在该范围内是相同的。处在其中的总是从一开始就被尽可能地囿于其中，所以不动的东西就规定它不动，动的东西就规定它是动的。于是，动的东西如果变得不动了，就脱离了动的东西的范围。不动的东西动起来的时候，也是跑到了范围之外。科学家便是如此规定事物，并加以研究的。这是因为这样规定会让实际生活很方便，而且就以分别识为基础的科学来说，也是自然而然、不得不如此的。但是，这样一来，就留下了不可分割的东西，即在人的心灵深处，有无论如何也不能知晓的东西。这并不仅仅是哲学上的问题，而在我们生活的实际经验当中会有一些不满出现，觉得仅仅如此无论如何也是不行的。这是不容否定的事实，所以要不得已而为之，不得不规定为山动、水不流。这并非想故意说一些脱离常识的话。不能一味地认为，常识从来就不在自身之外。于是，自己反而从根本上被颠覆了，结果自己也觉得很惊讶。所谓常识，只是分别而

---

① 出自《五灯会元》卷十五《云门文偃禅师》。

② 出自《景德传灯录》卷二十七《婺州善慧大士》。“大士躬耕而居之，乃说一偈曰：‘空手把锄头，步行骑水牛。人从桥上过，桥流水不流。’”

已。从禅者的角度来看，无论是山动，还是山不动，怎么都可以。但是，他不认为山动，也不认为山不动，所以怎么说都行。这么一来，别人肯定会说，这简直是乱七八糟不像话。但是禅者不这样看，在不像话的地方反而看到很像话的东西。这就是关键之所在，所以必须把握住这一点。禅者也试图努力把握住这一点。云门的“东山水上行”、道楷的“青山常运步”、傅大士的“桥流水不流”，这些都试图让我们改头换面，努力在说不下去的地方反而能轻松地谈吐。

请允许我再引用一段道元的文章。他在《山水经》中讲了下面的话。正如刚才所言及的，道元的文字非常难懂，但他是禅者，也是哲学家。他的话具有思辨性。文字上的晦涩与思想的幽玄纠缠在一起，给读者带来不少烦恼。《山水经》说：

“山之运步应如人之运步，故而即使不显得与人之行步相同，亦莫怀疑山之运步。今佛祖讲道，已然指示运步，是其得本也。应究辨常运步之示众。因运步，故常也。青山之运步虽较其疾如风更速，但山中人不觉不知也。山中乃世界里之华开。山外人不觉不知也。无看山之眼目之人不觉不知，不见不闻这个道理也。”

将引文的意思用现代汉语解释就是：

一说山在行走，你自然会觉得是像人一样地行走，眼前仿佛看到山用它的左脚、右脚交替前进或后退，然后你得出的结论却是，山不行走。但是你不能这样思索，并对山的行走抱有怀疑。如前所述，正如道楷禅师所讲的那样，山的行走乃山之为山的本来的妙德。因此，必须究辨“常运步”这一道楷的示众。山的常住不动之态大体就在其运步之处。其运步之疾较之如风之疾更快（这是因为不动之动、动之不动，是因为肯定之否定、否定之肯定）。这不是居于此山之中的人所能自觉自知的（因为自己居其中）。所谓“山中”，就是这个世界——这个花开花落的世界。居于这个世界的人因为身在其中，而不自觉山之运步。但走到山外的人也因为身在山外，而不自觉山之运步。无论如何必须具有看山的眼目。（如果不能做到居于山中而能跳到山外，居于山外而不离山中，那么就不会知晓山之运步。居内而在外，居外而在内，如此便有了看山的眼目。）一旦有了这个眼目，对于山之运步的道理，就有了觉知，有了见闻。

道元进一步说道：

“若疑着山之运步，便是尚未知晓自己的运步。并非自己无运步，而是尚未知晓，不明白自己之运步。如欲知自己之运步，正应知青山之运步。青山既非有情，亦非非情。自己既非有情，亦非非情。今不可疑着青山之运步。以将往之法界为量局，不知可照鉴青山。青山之运步，以及自己之运步，应明白检点，应随退步步退（步步进退）而检点，应检点自未朕兆[1]之正当时，及空王[2]那畔，进步退步，运步不暂止。运步若休，佛祖不出现。运步若穷极，佛法不到今日。进步未止，退步未止。进步时不乖向退步，退步时不乖向进步。以此功德为山流，为流山。”

道元的青山运步说可谓极尽委曲，可作如下阐释：

认为山不行走的人是不知道自己在行走的。如果他知道自己在行走，就会有一双慧眼看到青山的运步。说到青山，有的人会去思考，它是有情，还是非情？但我所说的青山不应受这种分类法的限制。那个在说着自己的人既不是有情，也不是非情。因此，即使说山在行走，也不是指大地隆起，直插云霄的群山。即使说法界，也仍然是有某些限定的，是被局量的。不能以处于这种状态的事物为目标来思考青山的运步。青山

---

① 朕兆——征兆，预兆。

② 空王——诸佛之别名。以诸佛亲证诸法空性，寂静无碍，圣果无匹而称空王。《圆觉经》说，佛为万法之王，故称空王。

之运步，就是自己之运步；自己之运步，就是青山之运步。因此不去思考掺入自他限定性的世界，而应去思考世界的法界、没有量局的法界。所以必须仔细检点进步、退步的是什么，必须在未朕兆的正当与么时，在空王那畔无周边的场处，检点进步、退步的运步。一刹那也不休止。如果休止了，佛祖就不会来到这个世上，佛法也不可能传到今日。进步、退步是回环地、往复地、回互地、自我同一地运步，所以山在流动，也有流动的山。

这样的思想大约出自《山水经》。“以此功德为山流，为流山”，这样的言语并非道元独有，禅家都这样表述。但回互地观照“山”这个体和“流动”或“行走”这个用，并将《参同契》那样的思想糅合进来的，是曹洞宗[①]的祖师们。主语、谓语不加分别，主语、谓语相互转换，既说山在流，又说流动的是山。名词、动词无论从哪个方向都可以直接结合，这里便有禅家观察事物的方法。青山之运步、东山水上行，这样的表述便由此而生。

但是如果以为随便一回互，其中便有禅，那就大错特错了。禅家主张在文脉之中能使回互转却。此为滞言滞句之徒。这里必须有改头换面的时节。吉州青原的惟信[②]禅师，乃黄龙祖心[③]之嗣，11 世纪末宋朝人。他有一著名的上堂：

“老僧三十年前未参禅时，见山是山，见水是水。及至后来，亲见知

---

① 曹洞宗——简称洞家。以洞山良价为祖师，曹山本寂弘扬之。该宗以“五位君臣”为教义，体现“家风细密，言行相应，随机利物，就语接人”的特点。该宗上承六祖惠能、青原行思、石头希迁、药山惟俨、云岩昙晟一脉，下接云居道膺、曹山本寂，后继者还有芙蓉道楷、天童正觉等。日本希玄道元来中国，入天童山师从如净禅师，凡三年，回国后开日本曹洞宗。该宗在中国为五家七宗之一，在日本为十三宗之一。

② 青原惟信——传不详。

③ 黄龙祖心——黄龙祖心宝觉禅师，黄龙慧南之法嗣，临济宗黄龙派传人。俗姓邬，南雄始兴（广东）人。

识，有个入处。见山不是山，见水不是水。而今得个休歇处，依前见山只是山，见水只是水。大众，这三般见解，是同是别？”[①]

这是什么意思呢？在还不知禅为何物的时候，和世间人一样，看山是山，看水是水。后来因为知识而有了入处（悟性）。这时正相反，山也不是山了，水也不是水了。最近在一休歇之处——沉静之处沉下心来，于是看山是山，看水是水了。这三种看法是同一的，还是不同的？惟信说，大家说说吧。这里也能看到般若的即非逻辑。首先从常识来看，有分别上的肯定。将其全部否定，分别在其源头处失去了依托。但是一旦出现一个转机，否定就回到原来的肯定。就是在得到了无分别之分别的、即非逻辑的过程中往还。乍一看，这也许被认为是单纯的认知上的一个个案，但实际上若从人的角度来看，就是在生活的事实经验方面触及以前未能看到的微妙的消息。不从不动之处看山，而是触及其所动，这便是“山的活计”直接成为自己的活计。山是自己，自己是山，这就是分别的无分别，又是无分别的分别。但参学辨道的眼睛在此一转，关注起自己的日常活计了。只是这双参究的眼睛没有停留在看山是山、看水是水这样一种所谓的客观的认知上，而是直接转向“无事是贵人”之处。虽然在这里会说法身边、法身向上之事之类，但今天的我们也不必放在心上。

在讲前文“尽十方世界是一颗明珠”的因缘之前，我想稍微讲一讲云门文偃的事迹以及他的上堂和问答，以供本书的读者参考。

云门文偃起初是跟着志澄律师[②]研究律部的，但他总感到不满足，于是去向黄檗的弟子、睦州的陈尊宿[③]参禅。但是这个睦州和尚尽是些恶辣手段。他见云门走来，立刻关上大门。云门叩门，里面问道：“是谁？”云门

---

① 出自《五灯会元》卷十七《青原惟信禅师》。

② 志澄律师——镇境志澄禅师，传不详，永明道潜之法嗣。

③ 陈尊宿——睦州人，法号道明，黄檗希运之法嗣。

答："是我。"睦州说：

"作甚么？"

"己事未明，乞师指示。"

由于云门如此作答，睦州微开门缝看了云门一眼，立刻又把门关上了。云门吃了闭门羹，无可奈何地回去了。

没过几天，云门又来了。他怎么也不明白睦州的用意。也就是说，他不知道在这个机关的什么地方有能使自己明白的东西。他又敲响了睦州的门。这次受到和上次一样的待遇。他越发不懂了。但他不能不明不白地过一辈子，一定要想办法弄明白。于是他第三次来到睦州那里，等睦州一开门，他就跨了进去。睦州见状，马上拉住云门，喊道："你说！你说！"云门冷不防被抓住，竟不知如何作答。他稍一犹豫，睦州乘隙将他推出门外，一边喊着"你这个没用的废物"，一边"砰"地把门关上。这时，云门的一只脚还在门内，被门一夹，不禁叫道："啊，好疼啊！"但就在这一瞬间，他透彻心底。其后，睦州让他到雪峰山义存和尚那里去参禅了。①

云门来到雪峰庄时，遇见了一名云水僧。云门问——

门："上座今日上山去那？"（你今天要上山吗？）

僧："是。"

门："寄一则因缘，问堂头和尚。只是不得道是别人语。"（有一事相

① 出自《五灯会元》卷十五《云门文偃禅师》。"韶州云门山光奉院文偃禅师，嘉兴人也，姓张氏。幼依空王寺志澄律师出家。敏质生知，慧辩天纵。及长，落发禀具于毗陵坛，侍澄数年，探穷律部。以己事未明，往参睦州。州才见来，便闭却门。师乃扣门，州曰：'谁？'师曰：'某甲。'州曰：'作甚么？'师曰：'己事未明，乞师指示。'州开门一见便闭却。师如是连三日扣门，至第三日，州开门，师乃拶入。州便擒住曰：'道！道！'师拟议。州便推出曰：'秦时𨍏轹钻。'遂掩门，损师一足。师从此悟入。州指见雪峰。"

求。你上山见到和尚，替我问一问。但是你不能说这是别人的话。）

僧："得。"（明白了。）

门："上座到山中，见和尚上堂，众才集便出，握腕立地曰，'这老汉项上铁枷，何不脱却'？"（你今天上山，看到和尚上堂，众人聚集，你便站在和尚面前，握着他的手腕这样说："和尚您脖子上的铁枷，为何还不取下？"）

云水僧来到雪峰面前，按照云门所教而做，雪峰一见，立刻从禅床上下来，抓住云水僧的衣服前襟说："你说！你说！"云水僧答不上来。于是雪峰推开他，喝问道：

"不是汝语。"（这不是你自己的话。）

云水僧还做辩解。雪峰原本也不是一个蠢和尚。他命侍者拿来绳子，欲将这个违背佛法的人捆起来。于是，云水僧坦白说：

"不是某语。是庄上一浙中上座教某甲来道。"（其实这不是我的话。现在门前村里有一个从浙中来的和尚。是他让我这么说的。）

雪峰一听，觉得本应如此，便对众人说："现在门前来了一个足以统率五百人的善知识[1]，快去将他迎来。"第二天，云门上山与雪峰相见。雪峰曰：

"因甚么得到与么地？"（你为何来到这里？）

---

① 善知识——能教众生远离恶法、修行善法的人。反之则为恶知识。

云门只是低着头，一言不发。但也因为这个契机，两人的契合越来越热络，云门也终于得到了雪峰的印绶。[①]

云门曾以一语机锋问答而尽得禅之妙，这就是云门的“一字关”。在介绍两三公案之前，我先大体翻译、介绍一下他上堂的大意。

“今天到此讲话，但这也是因为万不得已，所以在开眼之人看来，也不过一场笑料而已。

“即使现在向诸位说‘直下无事，如此甚好，诸君曾有何欠缺’也是诸位与我共相埋没了也。但是不可只是滞留于此，更应该进步向前。[②]

“仅仅寻章摘句，一味地专欲解会，却什么也没得到。即使设定各种难题，教授随机口舌之辩，真正的道也不在那里。何时有休歇时节呢？设若此事（禅）在言语分别方面，那么说是三乘[③]十二分教[④]，也有各种经典吧？最好研究一下。也可以不把它叫作教外别传[⑤]吧。如果只是学解机智，那么

---

① 出自《五灯会元》卷十五《云门文偃禅师》。“师到雪峰庄，见一僧乃问：‘上座今日上山去那？’僧曰：‘是。’师曰：‘寄一则因缘，问堂头和尚，只是不得道是别人语。’僧曰：‘得。’师曰：‘上座到山中见和尚上堂，众才集便出，握腕立地曰：“这老汉项上铁枷，何不脱却？”’其僧一依师教。雪峰见这僧与么道，便下座拦胸把住曰：‘速道！速道！’僧无对。峰拓开曰：‘不是汝语。’僧曰：‘是某甲语。’峰曰：‘侍者将绳棒来。’僧曰：‘不是某语，是庄上一浙中上座教某甲来道。’峰曰：‘大众去庄上迎取五百人善知识来。’师次日上雪峰，峰才见便曰：‘因甚么得到与么地？’师乃低头，从兹契合。温研积稔，密以宗印授焉。”师，指云门文偃。

② 出自《五灯会元》卷十五《云门文偃禅师》。“师乃曰：‘莫道今日谩诸人好。抑不得已向诸人前作一场狼籍。忽遇明眼人，见成一场笑具，如今避不得也。且问你诸人从上来有甚事？欠少甚么？向你道无事，已是相埋没也。虽然如是，也须到这田地始得。亦莫趁口快乱问，自己心里黑漫漫地。明朝后日，大有事在。……’”师，指云门文偃。

③ 三乘——三种交通工具，喻运载众生渡过生死到达涅槃彼岸的三种法门，即佛陀就众生根机的钝、中、利，相应地说声闻乘、缘觉乘、菩萨乘三种教法。

④ 十二分教——也叫十二部经、十二分圣教。佛教经典根据文体和内容分为十二种类，即契经、祇夜、记别、讽颂、自说、因缘、譬喻、本事、本生、方广、未曾有法、论议。十二分教是在经典结集的过程中逐渐形成的，因此不同部派有不同的排列次序。也有部派主张九分教。

⑤ 教外别传——又叫“单传”。不靠语言、文字，直悟佛陀所悟之境界。语出《五灯会元》卷一《释迦牟尼佛》。“世尊在灵山会上，拈花示众。是时众皆默然，唯迦叶尊者破颜微笑。世尊曰：‘吾有正法眼藏，涅槃妙心，实相无相，微妙法门，不立文字，教外别传，付嘱摩诃迦叶。’”

从前十地[①]圣人带来的说法如云如雨，数不胜数。这些都未到达见性之域，且被斥为隔罗縠[②]。

“无论是什么，如果还徘徊在有心之境，就会天地悬绝。若是明白之人，无论什么火，都不会烧嘴。即使从早到晚都在饶舌，也从不会动一下唇齿，不曾道着一字。即使从早到晚都穿着衣服，也不身挂一缕丝线。即使早上喝粥，中午吃米饭，也不去触碰一粒米。

“但是，这不过就是门庭之说[③]。必须在实地得到恁么地。如果是本色的禅僧，即使呈现出语句的机锋，也只不过是乱劳伫思。即使因一句而应承，那也不过是梦呓。”[④]

云门这么一说，当时众人之中有一僧人站起来问：“如何是一句？”云门只说了个“举”字。[⑤]（顺便说一句，这一个字该如何解释呢？应解为“举起来”，还是应理解为“举起来了”？而且，是谁在举？是云门，还是问话的僧人？抑或可以解为未来时，还是现在时？汉文在这一点上是茫然的，可以任由读者自己来解。）

又在某日，云门对上堂如是说：

---

① 十地——大乘菩萨道的修行阶位。大地能生长万物，故佛经中常以“地”来形容能生长功德的菩萨行。十地即菩萨行的十个重要阶位。不同佛经，对十地的描述不尽相同，兹以法相宗华严十地为例，即欢喜地、离垢地、发光地、焰慧地、难胜地、现前地、远行地、不动地、善慧地、法云地。

② 隔罗縠——菩萨之见佛性，犹如隔罗布、绉纱而见物，虽极细薄，犹有所隔。罗縠，丝织的罗布和绉纱，是为天人做衣的材料。

③ 门庭之说——方便说，即为方便导入真实之教，而权宜说法的教义。

④ 出自《五灯会元》卷十五《云门文偃禅师》。“上堂：‘我事不获已，向你诸人道，直下无事，早是相埋没了也。更欲踏步向前，寻言逐句，求觅解会。千差万别，广设问难。赢得一场口滑，去道转远，有甚么休歇时？此事若在言语上，三乘十二分教岂是无言语？因甚么更道教外别传？若从学解机智得，只如十地圣人，说法如云如雨，犹被呵责，见性如隔罗縠。以此故知一切有心，天地悬殊。虽然如此，若是得底人，道火不能烧口，终日说事，未尝挂着唇齿，未尝道着一字。终日着衣吃饭，未尝触着一粒米，挂一缕丝。虽然如此，犹是门庭之说也。须是实得恁么，始得。若约衲僧门下，句里呈机，徒劳伫思。直饶一句下承当得，犹是瞌睡汉。’”上堂，指云门文偃。

⑤ 出自《五灯会元》卷十五《云门文偃禅师》。

“现在我自己对诸位说一句话，即使让诸位马上应承下来，也像在诸位的头上撒下一勺屎。哪怕拈一毫头，一时得以弄明白大地，那也像剜好肉而受创伤。虽然如此，但重要的是能实际到达这个田地。如果没有这些，就应该不讲敷衍的话，后退一步，各自看着自己的脚跟下去推寻。究竟会怎样呢（是什么道理）？

“实际上，可作为解会的目标、疑团的对象的东西，我没有一丝一毫可给予诸位的。诸位自身都有一些事情。那就是没有任何障碍和拘束地大用现前，自由自在地发挥作用。没有其他任何算计地，没有任何气力地任运腾腾。只是因为诸位信根不足，业缘太深，所以就会产生，这样不够吧、还有什么吧，等等想法。这样的反省一旦使头低下，就不能一动不动，所以就要担起钵囊，出去做千乡万里的行脚。结果就会在那里被敲，在这里被打，在各处都受委屈。

“但是实际上，诸位自身没有任何不足，各自都有一分道理，所以必须独自承当。这么说也已经落入第二机，但却是来自古德①的亲切。忘记它，一旦别人垂下一言半语，就靠近它，正如绿蝇聚集屎上。斗啌着拿走一部分，与三五人碰头商量。真是苦啊。②

“说一两个古德的例子吧。德山和尚看到僧人进门，便拄杖而出，将其赶走。睦州和尚看到僧人进门，便说：‘现成公案，放汝三十棒。’（但是并非没有地方总是用这样的手段靠近。有时应该叫作如下的禅经验的直叙。以此为学人指示应该努力的方向。）

---

① 古德——也叫古佛，是对古代的大德高僧的尊称。

② 出自《五灯会元》卷十五《云门文偃禅师》。“上堂：‘举一则语，教汝直下承当，早是撒屎着汝头上也。直饶拈一毫头，尽大地一时明得，也是剜肉作疮。虽然如此，汝亦须是实到这个田地，始得。若未切，不得掠虚，却须退步向自己根脚下推寻，看是个甚么道理？实无丝毫许与汝作解会，与汝作疑惑。况汝等各各当人有一段事，大用现前，更不烦汝一毫头气力，便与祖佛无别。自是汝诸人信根浅薄，恶业浓厚，突然起得许多头角，担钵囊，千乡万里受屈作么？且汝诸人有甚么不足处？大丈夫汉阿谁无分，独自承当得，犹不着便，不可受人欺谩，取人处分。才见老和尚开口，便好把特石蓦口塞，便是屎上青蝇相似，斗啌（音shà）将去，三个五个，聚头商量，苦屈兄弟。古德一期，为汝诸人不奈何，所以方便垂一言半句，通汝入路。’”上堂，指云门文偃。

雪峰说：‘尽大地是汝自己。’

夹山说：‘百草头上荐取老僧，闹市里识取天子。’

洛浦说：‘一尘才起，大地全收。一毛狮子，全身总是汝。’

“伴随着这些葛藤相为之处，反复思量一下吧。日久年深，自然有个的入路。

“总之，遇到一咬猪狗的本色的禅者，最好就在他那里修行。不惜生命，莫辞入泥入水。眨上眉毛，高挂钵囊，拗折拄杖，十年二十年，办取彻头。”①

云门曾以一字作答。如前所述，答者之心绪当真已在那里吗？有时真难以琢磨。为此，有时也反映出解答者的体验之深吧。禅问答对于门外汉来说，无论怎么说都是缥缈难觅、不易亲近的。因云门的一字关而成了丛林最大的心病的，是云门对翠岩令参②的示众的应酬吧。令参和云门同为雪峰的弟子，但有一次翠岩上堂曰：

“今夏与兄弟语论，看翠岩眉毛还在么？”

如果说法不触及真实性，那么作为惩罚，有时会眉须堕落。所以现在翠岩整个夏天都在讨论，但禅本来就是无论怎么饶舌，都不会穷尽其真实的，结果什么都是谎言了。当然，翠岩的眉毛在夏末的今天已经掉落了吧。

---

① 出自《五灯会元》卷十五《云门文偃禅师》。“上堂：‘……若是个人，闻说道甚么处，有老宿出世，便好驀面唾污我耳目。汝若不是个手脚，才闻人举，便承当得，早落第二机也。汝不看他德山和尚才见僧入门，拽杖便趁，睦州和尚才见僧入门来，便云：“见成公案，放汝三十棒。”自余之辈，合作么生？……古人大有葛藤相为处，只如雪峰道：“尽大地是汝自己。”夹山道：“百草头上荐取老僧，闹市里识取天子。”洛浦云：“一尘才起，大地全收。一毛师子，全身总是。”汝把取翻覆思量，看日久岁深，自然有个入路。此事无汝替代处，莫非各在当人分上。老和尚出世，只为汝证明。汝若有少许来由，亦昧汝不得。若实未得方便，拨汝即不可。兄弟一等是踏破草鞋，抛却师长父母行脚，直须着些子精彩始得。若未有个入头处，遇着本色咬猪狗手脚，不惜生命，入泥入水相为。有可咬嚼，眨上眉毛，高挂钵囊，拗折拄杖。十年二十年，办取彻头，莫愁不成办。真是今生不得彻头，来生亦不失人身。……’”上堂，指云门文偃。

② 翠岩令参——五代禅僧，雪峰义存法嗣，湖州人。

字面上的意思是他问大家。对此，有二三禅者应答，但云门只是说：

“关。”[①]

这就是问题了。

在中国是这样，而在日本，自从大德寺[②]的大灯国师[③]以后，禅者之间对于这个“关”字也有各种各样的议论。现在不再说它了。总之，云门因在语言中阐发了禅的精妙而出名。再举两三个一字关。

僧问：“如何是云门剑？”

云门曰：“揭。”(《五灯会元》写作“祖”。“祖”义不明。)

问：“如何是吹毛剑？”

答：“骼。”(也有的说是“胔”，腐肉。)

问：“如何是正法眼？”

答：“普。”

问：“如何是啐啄机？”

答：“响。”

问：“如何是云门一路？”

答：“亲。”

问：“承古有言：了即业障本来空，未了应须偿宿债。[④]未审二祖[⑤]是了

① 出自《五灯会元》卷七《翠岩令参禅师》。

② 大德寺——日本寺院，位于京都府京都市北区紫野大德寺町，为临济宗大德寺派的大本山，由大灯国师宗峰妙超于1325年建立。

③ 大灯国师——日本镰仓时代末期临济宗僧人，讳妙超，道号宗峰，创立京都大德寺。

④ 语出永嘉真觉大师《证道歌》(《景德传灯录》卷三十)。

⑤ 二祖——指禅宗二祖慧可。

未了？”

（这一问需要说明。“古有言”是永嘉《证道歌》中的两句。我们都活在业缘的世界里。所谓“业缘”，就是历史性的现实之义。就像借钱。我们生生世世都背着它，在某个时候还必须偿还。自己没有觉察到这笔旧债，但是借钱的证文却收在某个地方。然而，一旦了彻天地之大道，无论什么样的证文都能一下子还清。没有一句辩解，也没有牢骚，就像涓涓流水，没有任何窒碍。但是如果了彻不得，就会被拴在这里，挂在那里，总也打不开栅栏的门。二祖慧可是承继达摩之法的人，是古今之大德。然而他被人嫉妒，被人向官府进谗，得到非业之死。有真知者评判说，虽然慧可是阐明禅理的名僧，但这种死法也是偿还旧债。若果真如此，慧可就应该是未彻未了了。而这正是问者疑惑之所在。也就是说，做善事，反而得恶报，这是不能接受的。而如果我们这样看这个问题，即善因善果、恶因恶果，结果将会怎样？）

答：“确。”[①]（因果历历清晰。）

二祖慧可的示寂是在隋文帝的时候，其后经两百年，唐朝的皓月供奉问南泉普愿的弟子长沙景岑[②]——

供奉：“古德云，了即业障本来空，未了应须偿旧债。只如师子尊者[③]（印度第二十六祖[④]）、二祖大师，为什么得偿债去？”（这也是和问云门的和尚相同意思的问题。彻了大道之人具有业障消去，而旧债等不必偿还

---

① 从“云门剑”句到“确”句，源自《五灯会元》卷十五《云门文偃禅师》。

② 长沙景岑——唐代禅僧，南泉普愿法嗣。

③ 师子尊者——也称师子、师子比丘。6世纪前后中印度人，婆罗门种姓，禅宗西天二十四祖。

④ 按《景德传灯录》等，应为二十四祖。

之心。）

长沙：“大德不知本来空。”

供奉：“如何是本来空？”

长沙：“业障是。”

供奉：“如何是业障？”

长沙：“本来空是。”①

这段对话好像不是用循环论方法结束的吧。但是云门、长沙都走在相同的路上。因果历历清晰的“确”、本来空的业障，都是“一性更无殊”②。这里有了和未了。禅的宗旨总是对应这里。

在告别云门之前，再稍微描摹一下他的面目吧。不知什么时候，也不限于禅僧，拄杖成了僧人所持的物件之一。原本是行脚用的，但就像驱蚊的拂子成了增添和尚威严的家什一样，拄杖也成了法式用度之一。而禅僧在说法时也更突出活用了拄杖。

一天，上堂，云门把拄杖放在前面，然后开始说法：“凡夫确实把这个说成有，二乘③对它做了分析，认为它是无，圆觉④把它说成是幻，菩萨说是当体即空⑤，而衲僧家（即禅僧）见到拄杖，就呼为拄杖。行时就是行，坐时就是坐。莫动着。”⑥

还有一次，云门抬起拄杖指向前面，曰：“乾坤大地微尘诸佛（充满

---

① 出自《景德传灯录》卷三《第二十九祖慧可大师》。

② 出自《景德传灯录》卷三《第二十九祖慧可大师》。在长沙景岑说“本来空是”之后，“彼无语，长沙便示一偈云：‘假有元非有，假灭亦非无。涅槃偿债义，一性更无殊。’”

③ 二乘——可解释为大乘佛教和小乘佛教。也可解释为声闻乘和缘觉乘。

④ 圆觉——《圆觉经》，全称《大方广圆觉修多罗了义经》，全一卷，唐代佛陀多罗译。

⑤ 当体即空——本体本来就是空无，一切有为法都是因缘合成。

⑥ 出自《五灯会元》卷十五《云门文偃禅师》。“上堂，拈拄杖曰：‘凡夫实谓之有，二乘析谓之无，圆觉谓之幻有，菩萨当体即空。衲僧家见拄杖便唤作拄杖。行但行，坐但坐，不得动着。’”师，指云门文偃。

天地的无数的佛）都居于此。他们现在正热衷于佛法上的争论，以求争个胜负。难道就没有人来这里谏止他们吗？如果没有人来，那么老僧就自己出马，为了尔等诸人，我要跟他们说一句话，所以你们等我一下。”如此一说，有一僧人站出来问道：“我们想听一听和尚的忠告。”“这野狐精！”（这个假和尚！）云门喝道。[①]

又有一日，上堂，云门拈着拄杖说：“拄杖子化为龙，一口吞下乾坤。山河大地自甚处出？”[②]

又说：“我经常说，在微尘刹土的三世诸佛，以及西天二十八祖、唐土六祖悉数都在这拄杖子头上说法，显示无碍神通。而且他们的声音响彻尽十方各处。你们知道吗？若说不知道，就不许胡乱夸海口。即便说懂了懂了，真正的东西也不容易看见。”这么说着，拿起拄杖，在地上划了一下，说：“在者里（都在这里）。”然后又一划，说：“从者里出去（都从这里出去）。”[③]

关于拄杖就说这么多。说起云门，还有一则不能忘。这是在世间流传很广的公案，但很多人说不清它的出处，我在此叙说一下。就是“日日是好日”。意思是“每一天都很好，都难得”。一天，云门示众，说：

“十五日已前不问汝，十五日已后道将一句来。”

---

① 出自《五灯会元》卷十五《云门文偃禅师》。“上堂，众集，师以拄杖指面前曰：‘乾坤大地，微尘诸佛在里许争佛法，觅胜负，还有人谏得么？若无人谏得，待老汉与你谏看。’僧曰：‘请和尚谏。’师曰：‘这野狐精。’”师，指云门文偃。

② 出自《五灯会元》卷十五《云门文偃禅师》。“上堂，拈拄杖曰：‘拄杖子化为龙，吞却乾坤了也。山河大地，甚处得来？’”师，指云门文偃。

③ 出自《五灯会元》卷十五《云门文偃禅师》。“上堂：‘……我寻常向汝道，微尘刹土中，三世诸佛，西天二十八祖，唐土六祖，尽在拄杖头上说法。神通变现，声应十方，一任纵横。汝还会么？若不会，且莫掠虚。然虽如此，且谛当实见也未？直饶到此田地，也未梦见衲僧沙弥在。三家村里，不逢一人。’蓦拈拄杖画一画，曰：‘在这里。’又画一画曰：‘从这里出去也。珍重！’”师，指云门文偃。

这时，聚集的人群中没有一个人答得上来，于是云门自己回答：

“日日是好日。”[1]

突然读到这种类似于自问自答的东西，无论如何也弄不明白是怎么一回事。有的人会觉得，禅是某种近乎呓语的东西吧？如果这样说，就让他这样说去吧。为什么呢？因为从禅者的角度来看，说这种话的人看上去就像在说呓语。我们必须要思考，两者为什么住在不同的世界？但是在能够互相谩骂的地方也有某种共通的东西吧。这就是问题之所在，即哪一方道出了真实呢？如果不知道这个“共通”之处，论证就不会有结论。“共通”之处在哪里呢？云门说是“十五日”（从前用太阴历，以月亮的盈亏为计时标准）。这里很快就发生了第一步转坠。一个月是三十天，半个月是十五天。云门就盯住这里了。十五日以后和十五日以前，从禅者的角度来看又是怎样的波澜葛藤呢？当然是平地上起了多余的波澜。云门未必要打消十五日、三十日、三百六十五日、三千六百年。而是要将那些原样留在那里，在人人见面的地方道一句。禅者不是哲学家，所以时间怎样？空间如何？有无正反的逻辑又如何？他不做这些概念性的辨析。而是在日常生活中督促我们反省。所以抛出了十五日前后的公案。这是“永远的现在”，在不离这当所的地方必须有某种知，必须有无分别之分别。那是因为我们都是人，因为这种知是只有人才允许有的特惠。云门的知使他说出“日日是好日”。禅总是从这无知的知、无分别之分别、般若的即非逻辑开始的。欲见云门，就必须撞着这个出发点。生死的问题也是如此。将十五日、三十日、三百六十五日不断累积，就是六十年、七十年、八十年，于是我们每一个人都将死去。对于人的生死，也有仅用时间的迁移解释不了的东西吧。但是从物理的、力学的角度来看，人也是要死的。我们当中许多人会很郁

---

① 出自《五灯会元》卷十五《云门文偃禅师》。

闷，我们怎样做才能避开生死呢？抑或感到彷徨，我们应该如何面对生死呢？云门在此道取一句，曰：

“还我生死来。”

曾有某僧问：“应该如何排遣生死？”云门把手伸出来，做了这样的回答。[①] 这也可以看作禅者的非哲学家式的榜样。

关于云门文偃我就说这么多吧，下面谈一谈玄沙宗一大师。

前文的“尽十方世界是一颗明珠”是玄沙师备[②] 说的。他和云门一样，都以雪峰为师。据说雪峰是在修行中做非常绵密的行持的人，经常带着一把木勺去行脚。其意思是，无论走到哪里的僧堂，都做典座，负责斋饭。下厨房是件很不容易的差事，而做事的辛苦却并不那么为人所认可。积阴德是雪峰的志愿。后来他专心坐禅，传说他坐破了七个蒲团。他的弟子玄沙也甘于简朴的生活，被人称作“头陀”。传记里说他“布衲芒履”。食物也不过是仅够维持生命。他本来就没有欺骗他人，让人接受皈依这样的想法。“终不敢诳人”是指导他生活的动机。[③]

雪峰和玄沙似乎有意气相投的地方，他们的问答也有亲密之处。一次，玄沙对雪峰说他想要一根拄杖。他知道那不是简单的一根拄杖。

沙：“有拄杖乞一条。”

峰：“我有三条，汝将一条去。”

---

① 出自《五灯会元》卷十五《云门文偃禅师》。“问：‘生死到来，如何排遣？’师展手曰：‘还我生死来。’”师，指云门文偃。

② 玄沙师备——唐末五代僧人，俗姓谢，福州闽县人，有《福州玄沙宗一大师广录》（也叫《玄沙师备禅师广录》）三卷传世。

③ 出自《景德传灯录》卷十八《福州玄沙师备禅师》。玄沙师备“布衲芒屦，食才接气。常终日宴坐，众皆异之。与雪峰义存本法门昆仲，而亲近若师资。雪峰以其苦行，呼为头陀。一日，雪峰问曰：‘阿那个是备头陀？’对曰：‘终不敢诳于人。’”

沙："人人只是一个，和尚为什么用三个？"
峰："三个总用。"（三个都用。）
沙："是即是。某用，不如此。"
峰："汝作么生？"
沙："是三是一。"[1]（三是三，一是一。）

玄沙向雪峰道别，将下山时来到雪峰面前，

沙："人人自繇自在，某甲如今下山去。"
峰："是谁与么道？"（是谁这么说的？）
沙："是和尚与么道。"
峰："汝作么生？"
沙："不自繇自在。"（不自由自在。）
峰："知。"[2]（这也是云门的一字关。）

一天，雪峰这样说——

峰："此事如一片田地相似，一任诸人耕种，无有不承此恩力者。"
沙："且作么生是这田地？"
峰："看。"
沙："是即是，某甲不与么。"
峰："你作么生？"
沙："只是人人底。"[3]（只是每个人的事情。）

---

① 出自《玄沙师备禅师广录》，也载于《雪峰义存禅师语录》。

② 出自《雪峰义存禅师语录》。

③ 出自《五灯会元》卷七《雪峰义存禅师》。

一天，有个僧人死了，神楚阇黎就问雪峰。雪峰将问题和自己的回答都跟玄沙讲了。

峰："神楚阇黎问我，'亡僧迁化，向什么处去'，我向伊道，'如冰归水'。"

沙："是即是，某甲不与么道。"

峰："汝作么生？"

沙："如水归水。"①

"如水归水"好像是玄沙最得意的比喻。他曾说："正巧你等诸人沉入大海之中，水已经浸到头上，却还向上伸着手，好像在说，请给我一杯水。如果是在河边说我想喝水，还不会不明缘由吧。但是身体已经在水中了。知道吗？如果有般若的大智慧，就会明白。个人的事只有自己能知道。随随便便去别处问询，来这里寻找，是不会得到安心立命的。只记得别人的言语，这与背诵陀罗尼②无异。"③

他说，在世间，昭昭灵灵的灵台智性就在这个身体中，那是我们的心，是主人公。但这个东西也是生死的根本、妄想的缘起，它不过是分别知的对象而已。如果它是真实的昭昭灵灵，那么记住它的时候，睡觉的时候，就没有可与昭灵性有关的道理了吧。这是认贼为子。在世间被认为是昭昭

① 出自《雪峰义存禅师语录》。

② 陀罗尼——梵文 dhāraṇī 的音译，意译为总持、能持、能遮。指能令善法不散失，令恶法不起的念慧力。后世多指长咒。

③ 出自《景德传灯录》卷十八《福州玄沙师备禅师》。"师曰：'汝诸人如似在大海里坐，没头水浸却了，更展手问人乞水吃。还会么？夫学般若菩萨，是大根器、有大智慧始得。若有智慧，即今便得出脱。若是根机迟钝，直须勤苦忍耐、日夜忘疲失食、如丧考妣相似。恁么急切尽一生去，更得人荷挟、克骨究实，不妨亦得覼去。且况如今，谁是堪任受学底人？仁者，莫只是记言记语，恰似念陀罗尼相似。'"师，指玄沙师备。

灵灵的东西离不开见闻觉知之境。如果没有前尘，就如同兔角、龟毛。[①]这就不是真正的主人公。有的可以叫作秘密的金刚体，这不该被置于五蕴[②]身田中。他以圆成的金刚体，遍周沙界，无处不在。[③]如今山河大地、十方国土、色空明暗以及你的身心，都承受你的圆成的威光而显现。天人群生之类、所作的业次、受生的果报、有情无情，无不承受你的威光。然后，诸佛的成道、成果、接物利生，也无不承受着你的威光。圆成秘密的金刚体其实就是你自身而已。[④]

一说“金刚体”“秘密”等，也许会招来误解，也就是说有时会将长沙景岑所谓的“识神”误认为是本来身。这是要非常注意的地方。长沙的偈：

学道之人不识真，
只为从来认识神。
无始劫来生死本，
痴人唤作本来身。[⑤]

① 出自《景德传灯录》卷十八《福州玄沙师备禅师》。“更有一般便说：昭昭灵灵，灵台智性能见能闻，向五蕴身田里作主宰。恁么为善知识，大赚人。知么？我今问汝：汝若认昭昭灵灵是汝真实，为甚么瞌睡时又不成昭昭灵灵？若瞌睡时不是，为甚么有昭昭时？汝还会么？这个唤作认贼为子，是生死根本，妄想缘气。汝欲识此根由么？我向汝道。汝昭昭灵灵，只因前尘色声香等法而有分别，便道此是昭昭灵灵。若无前尘，汝此昭昭灵灵同于龟毛兔角。”

② 五蕴——指色蕴、受蕴、想蕴、行蕴、识蕴五种。五蕴中，色蕴属物质性的事物现象，其余四蕴都属精神现象。佛教认为世间一切事物都是由五蕴和合而成，人的生命个体也是由五蕴和合而成。蕴，本身梵文的音译，意思是积聚、和合。

③ 出自《景德传灯录》卷十八《福州玄沙师备禅师》。“仁者，真实在甚么处？汝今欲得出他五蕴身田主宰，但识取汝秘密金刚体。古人向汝道：‘圆成正遍，遍周沙界。’”

④ 出自《景德传灯录》卷十八《福州玄沙师备禅师》。玄沙师备说：“只如今，山河大地、十方国土、色空明暗及汝身心，莫非尽承汝圆成威光所现。直是天人群生类所作业次、受生果报、有性无情，莫非承汝威光。乃至诸佛成道成果、接物利生，莫非尽承汝威光。只如金刚体还是凡夫诸佛么？有汝心行么？不可道无，便得当去也。知么？”

⑤ 出自《景德传灯录》卷十《湖南长沙景岑禅师》。

长沙所谓的“真”、所谓“本来身”，都是“十方世界是全身”，不是分别知的境界。这一点如果不彻底明了，就会失之毫厘，差之千里。所以必须好好体会长沙的偈：

百丈竿头不动人，
虽然得入未为真。
百丈竿头须进步，
十方世界是全身。①

在百尺竿头一动不动的人还没有得到真，还没有出离分别的境地，必须从此更进一步。在百尺竿头一步不进，说明还被分别的线操纵着。一旦在不能前进的地方前进一步，那么十方世界就是其本身。不是此身的一部分，而是此身的全部马上就是尽界本身。在此才有对金刚体的自知。这个自知就是金刚体亲自拿到金刚体自身之上的东西。即长沙被问到“亡僧什么处去”时所作的偈：

不识金刚体，
却唤作缘生。
十方真寂灭，
谁在复谁行？②

如果不知金刚的真体，反而会将此视为业缘、因果、生死之身。真正寂灭的是十方世界本身。在这寂灭界中，存在不成为问题，往来、行往、

① 出自《景德传灯录》卷十《湖南长沙景岑禅师》。
② 出自《景德传灯录》卷十《湖南长沙景岑禅师》。

生死也不成为问题。“金刚常住，十方无边。”这是长沙在别处说的。[①]

在此必须思考一下识神、缘生之身与金刚体的关系。一说金刚体，就会觉得，那种东西就如同分别知上的对象。于是金刚体就降到识神、缘生身的地位，不再是“十方真寂灭”了。如果不能清楚地看到、体会这一点，佛佛祖祖的善巧方便就完全泡汤了。禅者以其独特的表诠法，面对髑髅，承认其他的鉴照。但是从得以把握“十方真寂灭”的金刚体本身这一立场来看——把握就是不可得的可得——识神、缘生身都是金刚体，是寂灭真。也可以说“我面何殊佛面”[②]。长沙也有偈如下：

碍处非墙壁，
通处没虚空。
若人如是解，
心色本来同。[③]

这不是对象世界的消息。我们居住在见闻觉知世界，觉得墙壁妨碍我们，而虚空却是通彻的。但是在这里发现不了“心色本来同”的金刚体。后者如果不是无分别之分别的境界，就无论如何难以把握。因此，只有通过这个境界，才被叫作“十方世界是全身”。

有个官人来拜访长沙，在各种宗旨方面的谈话中，官人就有关自己的本命（本来的性），曾经纠正过长沙的见解吧。当时长沙喊道：“尚书。”“尚书”，可看作对官吏的尊称。官人马上应道：“哎。”于是——

① 出自《五灯会元》卷四《长沙景岑禅师》。“师赞南泉真曰：‘堂堂南泉，三世之源。金刚常住，十方无边。生佛无尽，现已却还。’”师，指长沙景岑。但同样的赞，《景德传灯录》卷十《湖南长沙景岑禅师》载为南泉普愿所说。

② 出自《景德传灯录》卷十《湖南长沙景岑禅师》。长沙景岑禅师“又偈曰：佛性堂堂显现，住性有情难见。若悟众生无我，我面何殊佛面？”

③ 出自《景德传灯录》卷十《湖南长沙景岑禅师》。

沙："那不是你的本命。"

官："现在除了回答你的人，应该没有别的第二个主人公。"（被喊"喂"，并回答"哎"的人必须是"自己"，此外不认为有第二个"自己"。这是官人的意见，一般人也这样认为。）

沙："不能称你为至尊。"（第一个"自己"、第二个"自己"到底是什么并不是问题所在。现在必须究彻探明其根源。）

官："那么，自己对别人什么也不回答的时候，那里就有作为自己的主人公——真正的自己——的人了吧。"

沙："问题并不存在于应答、不应答之处。只要停顿在那样的地方，就不能除却生死的根本。我们无始[①]劫来就看错了这个问题。"[②]

喊"喂"，并回答"哎"的人也是自己，但是这个自己必须是能从高处看到的自己。应诺之后，只要是在只对和不只对之处看到的自己，这就是识神，就是无始劫来的生死之本，不是"本来身"，不是金刚体，不是"十方世界是全身"。甚至从分别知上能看作同一体的地方，因为安置的场所不同，也已经完全不是同一体了。欲学禅者，必须看到这一点。

到此才能介绍长沙有名的上堂。上堂说——

"我若一向举扬宗教，法堂里须草深一丈。事不获已，向汝诸人道：尽十方世界是沙门眼，尽十方世界是沙门全身，尽十方世界是自己光明，尽十方世界在自己光明里。尽十方世界无一人不是自己。

"我常向汝诸人道：三世诸佛，法界众生，是摩诃般若光。光未发时，

① 无始——没有开始。佛教认为一切事物，如众生、生死、时间等都是没有开始的。因果关系即建立在"无始"的理论基础上。

② 出自《景德传灯录》卷十《湖南长沙景岑禅师》。"有客来谒，师召曰：'尚书。'其人应诺。师曰：'不是尚书本命。'对曰：'不可离却即今只对，别有第二主人。'师曰：'唤尚书作至尊得么？'彼云：'恁么总不只对时，莫是弟子主人否？'师曰：'非但只对与不只对时，无始劫来是个生死根本。'"师，指长沙景岑。

汝等诸人甚么处委悉？光未发时，尚无佛，无众生消息，何处得山河国土来？”[①]

长沙景岑吐露了他满腔的“宗教”哲学。距今一千年前汉民族接受了印度传来的大乘般若的思想，并从民族心理上加以咀嚼、反省，终于使其成为自家屋里的家什。长沙景岑通过自家独特的言诠方法，将这家什抛在了我们面前。可以说这是空前绝后的思想吧。若以此而立，也许就没有一个人能靠近禅家法堂吧。荒草能越来越繁茂吧。

下文二三问答公案似可解说长沙景岑的上堂。

僧：“如何转得山河国土归自己去？”（山河国土这些对象性事物如何才能尽收自己囊中？）

沙：“如何转得自己成山河国土去？”（反击式的提问，从相反的方面看待前问。）

僧：“不会。”（因是提出前问的僧人，所以当然没有足以支撑长沙反问的力量。）

沙：“湖南城下好养民，米贱柴多足四邻。”[②]

使山河与自己对峙，如果认为这里被收进那里，这里拿进那里，就不知道山河、自己了。白天见日，夜晚看星星。在这样的地方，仰视摩诃般若之光。

僧：“如何是学人心？”（心也好，自己也好，本来身也好，都是指同

① 出自《景德传灯录》卷十《湖南长沙景岑禅师》。

② 出自《景德传灯录》卷十《湖南长沙景岑禅师》。长沙景岑说完，“其僧无语”。长沙颂一偈：“谁问山河转？山河转向谁？圆通无两畔，法性本无归。”

一体。）

沙："尽十方世界是你心。"（十方世界都是你的心。）

僧："恁么则学人无着身处也。"

沙："是你着身处。"

僧："如何是着身处？"

沙："大海水深又深。"

僧："学人不会。"（长沙越拿出老婆心，他越不明白。那也是不得已。对不懂的人来说，无论说什么都不懂。但是长沙的慈悲是无限的。）

沙："鱼龙出入任升沉。"[①]（鱼不分大小，都随波浪浮沉。）

自己本身、本性、自性、本来面目——这些成为问题是人性的自然，无论怎么压抑都是不可能的。于是，哲学产生了，宗教产生了。但是，禅对此有其特有的解答方式。这个特性其实就是使禅成为禅。禅问答是任何一国的思想史（包括宗教史）所没有的。那当然不是哲学，但禅所进行的问答与哲学的问答没有不同。而要问禅是否是宗教时，禅就有了太多的知性的倾向。禅不属于任何一种范畴，但又不能将其从任何范畴中排除。看罢前文所述的问答、说法，就非常明白了吧。那么我们再稍微看一下，关于"自己"，禅者是怎样看待的呢？僧问云门——

僧："如何是学人自己？"

门："怕我不知。"[②]

难道是这样的回答吗？真是太让人不安了。不知道学人从何处着手为好。玄沙的回答也不比云门的更让人明白。

---

① 出自《景德传灯录》卷十《湖南长沙景岑禅师》。

② 出自《景德传灯录》卷十九《韶州云门山文偃禅师》。

沙：“用自己作么？”[①]

现在引用一下赵州的回答。

僧：“如何是学人自己？”
州：“吃粥了也未？”
僧：“吃粥也。”
州：“洗钵去。”[②]

赵州的回答似乎与前面的二三则旨趣不同。赵州将吃饭、洗钵的人称为“自己”。于是僧人发觉这一点而有所悟吧。冷暖自知说的就是这个吧。也可以这么说，但必须注意的是，其实是大不然也。禅者想说的，不应等同于心理学家和哲学家所说的自觉、自我意识、统觉、无意识等。这些概念无论如何也超越不了对象性。因此，虽说在穿衣吃饭之处、见色闻身之处、冷暖自知之处都有“自己”，都有禅，但是不仅如此，还必须明白在那里也有很多不穿衣吃饭的人——不见色闻身的人，不冷暖自知的人。这个知是无知的知，是无分别之分别。见而不见，闻而不闻，行而不行，说而不说的人——将此称为“不可得底”，但——必须捕捉之。只要没有捕捉到，即使从早到晚都在吃，都在睡，都在动，那也是“佛法未会在”。因此，禅应该说是在冷暖自知之处，也可以说不在那里。“还会么？”

好像走到岔道上了，但我相信，我们明白了玄沙师备的“明珠”。

---

① 出自《景德传灯录》卷十八《福州玄沙师备禅师》。“问：‘如何是学人自己？’师曰：‘用自己作么？’”师，指玄沙师备。

② 出自《景德传灯录》卷十《赵州观音院从谂禅师》。“僧问：‘学人迷昧，乞师指示。’师云：‘吃粥也未？’僧云：‘吃粥也。’师云：‘洗钵去。’其僧忽然省悟。”师，指赵州从谂。

僧："承和尚有言，'尽十方世界是一颗明珠'，学人如何得会？"

沙："尽十方世界一颗明珠，用会作么？"

有此问答，次日玄沙问这个和尚——

沙："尽十方世界是一颗明珠，汝作么生会？"

僧："尽十方世界是一颗明珠，用会作么？"

沙："知汝向山鬼窟里作活计。"[①]（果然！你的禅就是黑暗洞窟里的生活。）

同样的"用会作么"，为什么在玄沙为是，在问僧为非呢？为什么一个是明珠高悬，照出山河大地展开在你面前？一个是将此藏于鬼窟里，不能放射任何光明？

玄沙的"尽十方世界是一颗明珠"就是长沙的"尽十方世界是全身"，是"尽十方世界是沙门眼"。这个眼、这个身、这个珠立于尽十方世界之外，既不是看见尽十方世界，又不是照见，也不是阻塞。尽十方世界本身就是一颗明珠，一颗明珠就是尽十方世界。两者在所有意义上都具有自我同一性，但是两者却不是一个东西。明珠是明珠，世界是世界，两者的对峙没有消解。只是因为还没有消解，所以才能看到两者的自我同一性。"二由一有，一亦莫守。"一和二之间能看见这样的交涉，所以一颗明珠不作为明珠收起，它能够历经尽十方世界，发挥这样的妙用。

长庆慧稜（雪峰的弟子）的投机偈云：

万象之中独露身，

① 出自《景德传灯录》卷十八《福州玄沙师备禅师》。

唯人自肯乃方亲。[①]

独露身其实不是在万象之中，万象——尽十方世界——即独露身。如果不叫独露身，就不会有“自肯”的心情，就不会“亲”。假如两者具有全面的自我同一性，那么就无法在其中发挥无知的知的作用。看上去是使独露身和万象对立，其实是想透露出自知的消息。一说到知，无论是自知还是他知，都会思考二。但是禅者所谓的知是无知的知，是不二的二，是在无分别处有分别。要想表达出这个意思，就必须叫作独露身、金刚体。玄沙的明珠也应在此意义上体会。只靠“用会作么”，摩诃般若的光芒普照不到永劫。说到知，我们可以从认识论的角度思考；说到身，说到体，就要从存在论的角度来措定了。禅者想避免过错，因而发展出问答商量这种禅独有的研究方法。禅者用这种方法表述哲学未能言尽之处。从以分别知为主的学问来看，再没有比禅问答更难以捕捉的东西了。这也是不得已的。禅实际上被说成是以缥缈的难以捕捉之处为生命的。禅者面对难以捕捉之处，反而在相互之间交换着最为鲜明的理解。那是什么呢？这不是只有学禅者才提出的问题，其实是所有的苦苦思考的人们都应该考察的问题。禅在东方，特别是日本，至今仍在延续着它的生命，所以，它也是被称作“日本学者”应以真挚的态度来展开研究的课题。

闲话休提。肯定也有学人在思考“尽十方世界一颗明珠”或“尽十方世界是全身”等的“是”，“是”即欲为是的，还有叫作明珠的东西，它充满尽十方世界，因而成为尽十方世界是一颗明珠。

我们再介绍一下雪峰与其弟子镜清[②]之间的问答，并以此结束本编。

---

① 出自《景德传灯录》卷十八《福州长庆慧稜禅师》。“师入方丈参，雪峰曰：‘是甚么？’师曰：‘今日天晴，好普请。’自此酬问未尝爽于玄旨。乃述悟解，颂曰：万象之中独露身，唯人自肯乃方亲。昔时谬向途中觅，今日看如火里冰。”师，指长庆慧稜。

② 镜清——镜清道怤，俗姓陈，永嘉人，雪峰义存法嗣。

这个问答以盘山宝积（马祖的弟子）著名的偈的后两句为主题。全文如下：

心月孤圆，
光吞万象。
光非照境，
境亦非存。
光境俱亡，
复是何物？[①]

从分别知的角度来看，光（一颗明珠）也好，境（尽十方世界）也好，假如都没有的话，那么结果就是什么都没有。然而盘山问："复是何物？"果然有什么吗？还是没有？这已经不是分别知的分际，无论怎样都必须超越它，进入无分别之分别界。雪峰和镜清的问答与此有关。

师（雪峰）："因看古人因缘，到光境俱忘，复是何物？乃问镜清。"

在这个铺垫之后，

雪峰问："者里着得什么语？"（这里应该添加什么样的词语？）

镜清答："和尚放某甲过，即有道处。"（如果承蒙和尚放过我的话，也有可以说的。）

雪峰："放你过，作么生道？"

镜清："某甲亦放和尚过。"[②]（那么我也放过和尚。）

---

① 出自《景德传灯录》卷七《幽州盘山宝积禅师》。

② 出自《雪峰义存禅师语录》。

这道明了怎样的含义呢？雪峰和镜清想在光与境俱亡之处发现点什么吗？抑或以为已经发现了某物，两人都想对此说点什么，却未能说出吗？那么他们为什么不那样说，而是互相使用带有隐语特征的语言，来相互试探呢？或者通过使用那样的言辞，反而能明确两人对某物的了解吗？即从分别的角度来说，更加明确地定义某物吗？总之，两人因此得到了满足。后来，他们之后的众多禅者也将去体会他们讨论的某样东西。

应该说这里含有禅问答的不可得之可得的意味。

参考书目

介绍几本或对读者有参考作用的禅书，不限于本书所引用的书籍。这些书基本上都是汉语的，而且有的是单行本，较难买到。

一、道元禅师的《正法眼藏》。该书不是汉语的，但也很难读懂，即使是专家，也不容易理解。《正法眼藏注解全书》读起来较容易。《正法眼藏》正文收于岩波文库、《道元禅师文集》、《大正藏》等。

二、《少室六门》。达摩撰，但也有后人所撰的内容。本书所引用的《二入四行》和《安心法门》可以认为是他的作品。收于《大正藏》。

三、《少室逸书》。虽是本书作者（铃木大拙）撰述，但却是对敦煌出土文献的汇编，并附论文二三。

四、《四部录》一册。古人为禅宗初学者所编的四部书（收《信心铭》《证道歌》《十牛图》《坐禅仪》)。《信心铭》《证道歌》收于《大正藏》，也有很多附注的单行本。

五、《景德传灯录》三十卷。宋初以前的禅宗史。禅宗研究最为重要的书籍之一。单行本更易购得。收于《大日本续藏经》《大正藏》等。

六、《五灯会元》二十卷。这也是禅宗史。也收进了《传灯录》之后的内容。单行本很容易购得。收于《续藏经》。

七、《古尊宿语录》三十卷。禅家语录集。虽有单行本，但较难买到。收于《续藏经》。

八、《六祖坛经》一册。可说是六祖惠能的言行录，流行本掺入了很多其他内容。可购得。收于《大正藏》。

九、《神会录》。有胡适校订出版的版本一册，也有本书作者在日本出版的版本一册。底本不同，可两相对照。敦煌出土文献之一。也许日本版本更易购得。

十、天桂著《报恩编》三册。天桂传尊对《参同契》《宝镜三昧》及《五位颂》三篇的评注。明治时代有对原文汉语的日语读本。收于《大正藏》。

十一、《曹洞二师录》二册。洞山悟本和曹山本寂两大师的语录。书后附《五位显诀》。收于《大正藏》。

十二、《临济录》一册。临济义玄语录。用于临济宗。有岩波文库本。

十三、此外还有云门文偃语录、赵州从谂语录、雪峰义存语录等，都是学禅者的必备书。但单行本较难购得。收于《续藏经》。《大正藏》只收录《云门录》。

十四、《传心法要》一册。黄檗希运语录，收于岩波文库。

十五、《顿悟要门论》上下各一册。大珠慧海语录，收于岩波文库。

十六、《碧岩录》。禅问答集成，被称为“宗门第一书”，岩波文库，三册。

十七、《禅门法语集》，山田孝道、森大狂编，原版二册，新版三册。日本禅僧用假名书写的法语的汇编。有朋堂文库也有《禅林法语集》一册。也有永久岳水编《禅门曹洞法语全集》二册。

十八、《白隐和尚全集》八册。白隐是日本临济禅的集大成者。只收录其日文的有《白隐禅师集》（大日本文库）。

十九、《盘珪禅师说法》（大东名著选）或《盘珪禅师语录》（岩波文库）。临济宗也是公案禅，盘珪禅师不依此，提倡独特的不生禅。

解读

伊豆山　善太郎

《禅的思想》于昭和十八年（1943年）九月作为《东方思想丛书》之一，由日本评论社出版。这是铃木先生73岁时的著作。后于昭和二十三年（1948年）六月由清水书店出版单行本。当时，我受先生之托为汉语加注日语训读符号，加注送假名，给难读汉字加注日语读音假名，并增补参考书。春秋社出版《铃木大拙选集》时，本书作为正编第二卷，蒙古田绍钦先生作解读，于昭和二十七年（1952年）五月第三次面世。现在作为《铃木大拙禅选集》，重新装帧，四度出版。这次，由于上述因缘，由我写作“解读”一文，颇多感慨。虽然以选集版为基础，改正了两三处误植，尽量加注日语读音假名，但我总是觉得做得远远不够。

在铃木先生的众多著作中，本书与《走向禅学之路》构成先生的禅学理论。《走向禅学之路》是其英文著作*An Introduction to Zen Buddhism*（1934，京都Eastern Buddhist Society出版）的日译本。现在，该书作为伦敦佛教协会编辑的《铃木大拙著作集》之一，由莱达（Rider）书店出版发行，拥有众多欧美读者。也有德语、意大利语译本*Die Grosse Befreiung*（1939），但该书由在*The New East*杂志上连载的论文汇总而成，一开始并非作为概论性的著作有计划书写的。然而作为丛书之一，这部《禅的思想》从一开始就是面向日本读者，在一定页数的框架之内有计划地书写的。这一点与《走向禅学之路》不同。因为没有考虑到外国读者，所以才能在不过分考虑读者如何理解的情况下自由地书写。于是该书有的部分比较艰涩，但也让我们能够看到先生汪洋恣肆、运笔自如的一面。因而该书也成为禅世界的权威铃木大拙先生手成的宝贵的禅学入门书。

该书分为三编，分别是："禅思想""禅行为""禅问答"。禅，不单纯是思想，在作为思想的同时，它还是生活、是行为。所以这三编，虽然是三，却终究是一。但为便于论述，先生将其一分为三。所以读者无论先读哪篇都可以，而且无论从哪篇的哪处读起也都无妨。但是还是按照顺序读比较稳妥吧。

第一编，先生希望读者鉴赏原文，从初祖达摩的《二入四行观》和《安心法门》开始，对三祖僧璨大师的《信心铭》、六祖惠能大师的弟子菏泽神会大师的《顿悟无生般若颂》、继嗣六祖弟子青原行思之法的石头希迁大师的《参同契》、曹洞宗宏智正觉禅师的《坐禅箴》、日本曹洞宗开山道元禅师的同名作"坐禅箴"等进行了简明贴切的注释。其中，对达摩和神会的注释是极其珍贵的。在比较对照的基础上对宏智禅师的《坐禅箴》和道元禅师的"坐禅箴"所作的注释，也是有很深的意味的。《信心铭》和《参同契》，早已有相当多的注释本。如先生所说，这是因为《信心铭》"是宏大的哲学诗，蕴含着禅旨之大要"，所以几乎可视为从初祖达摩到六祖惠能的禅思想的代表。《参同契》与《宝镜三昧》等同为曹洞宗最重要的经典，在同宗寺院都是作为日课经被唱诵的，但是先生的训读和解释不囿于传统，有其独特之处。

首先，我想请读者注意铃木大拙先生的话，禅，就是印度的禅那，但印度的禅那如译成"静虑"所示，具有静态的性格；而以六祖惠能为基础的中国的禅大大发展了禅的行为方面，具有动态的性格。中国禅所注重的见性经验与知、与行合一，而不是与一般人所认为的那种神秘论的见神经验、凝心状态等同一。下面对一些细节试作解读，望读者海涵。

"二入四行"的"二入"是入道的两个要件，即理入和行入。理入深信众生所具有的同一的真性，要求体验"凝住壁观，无自无他"的境界。这个“壁观”是不明的词句，自古以来一直被想象为一种凝心状态，而大拙先生认为不当，他认为是定慧不二的知。真可谓洞见。行入有四行，抱冤行就是作为在过去世让他人抱有冤憎的果报而要忍受现在所受的苦厄；相反，现在的胜报荣誉也缘于过去的宿因，业缘尽则归于无，所以随缘行就是处在无论遭遇什么命运，都不特别高兴，也不特别悲伤的悠悠坦坦的心境中；无所求行就是功德天（吉祥天女）和黑暗天（功德天的妹妹，授人以祸）、吉凶与祸福必相伴，观如三界火宅，不顿着于物；称法行就是信解众相之空，不独利己，还能利他。先生指出，应注意的一点是，称法行写道“修行六度，而无所行”，这个行而不行既是理，也是行，是二入的宗旨，因此而形成般若的（否定即肯定的）即非逻辑。一般禅家认为，《二入四行观》还很浅，不是道之终极。但是先生指出，未必如此，虽说其表述形式未脱印度模式，但其主旨却与唐宋时代禅匠所阐发的不差分毫。

禅家与释迦、达摩齐名，世人虽大量描绘达摩画像，却又将达摩重要的遗作束之高阁，这又是怎么回事呢？若非空腹高心，已属万幸。《安心法门》也有许多名言，而先生认为，后人从达摩遗作中摘录十四则，体会达摩意旨，举出“安心”二字。先生指出，《安心法门》中，心作两样用，即普通的意识、分别计较之意和与有心相对的无心、与心相相对的心体之意。具有相对性的心不满足于自身，而是追求不变不动的实在，在情意上感觉罪恶，憧憬“毕竟净”的境界。他论述了作为现象的心和作为实在的心的关系，阐述了宗教的意义。读者须熟读，并分辨问题之所在。《信心铭》的骨架是“二由一有，一亦莫守。一心不生，万法无咎”。有、无的二因绝对的一而有，但这个一也不可守。一心若不生起，万法、个多的世界就没有任何过失，现实界就可以得到肯定。在此，先生忧虑的是，哪怕把“一亦莫守”弄错一点点，也会陷入虚无主义，或陷入无视善恶的恶平等的破坏主义，抑或变成泛神论的神秘主义，以为在一切事物上都能看见神的光芒。起初先生严厉斥责将佛教、将神看作泛神论，指出：“泛神论也可以说是从看不见活着且劳动着的人的地方产生的哲学式的空想。如果佛教、禅变成这样的东西，那么所谓‘东方的’东西就不存在了。”他还指出：“如果禅变成虚无主义、泛神论的神秘主义，也不是这之外的任何东西的话，那就无须胡乱地叫什么‘禅’了。甚至连略懂一些的佛教徒，对禅也没有透彻的理解。真是冷酷无情啊。”欧美学者将佛教名之曰泛神论，似乎也有日本的学者搭了这个便车。最好吃先生一棒，赶快觉醒吧。也不是看不到泛神论和那些纷繁的思想，但是禅的本质不是所谓泛神论。先生说，如果不叫泛神，而叫个神，也许还多少有一些与祖师（历代祖师）之义相合的地方。禅非泛神论的原因在《走向禅学之路》等著作中已经论述，有志者可以读一读。《信心铭》之后便是作为中国禅基础的六祖惠能的《坛经》，但经文太长，在此省略，以六祖弟子神会的《显宗记》，即《顿悟无生般若颂》敦煌本代之。因历来不为世人所知而更显珍贵。我们可从中学到“即定是慧，即慧无生，无生实相，真空无行”的哲学思想。作为丛书之一，由于篇幅所限，未能详细论述禅的思想史，但循着禅思想的发展轨迹，创作出神会等所未见的表现形式的作品，在《显宗记》之后，是石头的充满哲学性思考的、作为曹洞宗源泉的《参同契》。先生认为，在般若哲学体系中，即非逻辑成为六祖和神会等的般若、无生的中枢，而与之相对，《参同契》中华严式的相即相入的逻辑也可以叫作“回互逻辑”。“参”即渗，指因万象渗入而存在的有差别的现象面。“同”则指贯穿万象的平等的本体面。“契”指这二者契合相即的理，以及认识理的智。既参且同，既同又参，石头将此理叫作“回互”，为其后的《宝镜三昧》《五位颂》等所继承，成为曹洞宗思想的轴心，所以名之曰回互逻辑。但是，火热风动摇，水润地坚固，“云在岭头闲不彻，水流涧下太忙生”（不，甚之义，与太同。生，助字），既回互，又不回互。万物住其位而不相犯。先生认为曹洞禅的弊端就是所谓“只管打坐”。否定见性，只是遵从规矩，耽于打坐，所以洞家巨匠天桂禅师痛骂“黑暗死坐臭饭袋”“屈足算香为坐禅”。先生将此引用于自己的文章中，显见对其弊的认识。他说：“到了12世纪初，静态禅成为默照禅，动态禅成为看话禅。”“默照禅”，是宋代临济宗的大慧禅师骂曹洞宗宏智禅师一派时所用的称谓。所谓“看话禅”（话，话头，即公案），是曹洞宗骂临济宗的用词。临济宗是公案禅，曹洞宗原则上不用公案。可以说前者主慧，后者主定。都是一长一短。先生属临济宗，所以曹洞之人说他偏于临济，但也未必如此，这一点读一下本书即可明了。两者反目正是先生慨叹之处。

“禅思想”通过比较对照将宏智禅师的《坐禅箴》、道元禅师的“坐禅箴”联接起来。先生认为，宏智的《坐禅箴》有以知为主的认识论的倾向，而道元的“坐禅箴”有以形为主的存在论的倾向。我觉得这是非常有趣而敏锐的观察。

“禅行为”是本书的中心。先生下了很大的功夫，分成三十三个小节进行详述。若在知的层面上谈论禅，就是无知的知、无分别的分别。而在行的层面上，则是无功用的用、无功德的功德、无作的作。虽然用语与庄子的无用之用很相似，其实有很大区别。先生这样指出了老庄思想与禅的不同。庄子认为，有用之木被人伐倒，而像樗那样的无用之木却在山中得以全寿，这就是无用之用。这是消极保身术——个人主义的人生观。而禅“必须说，料理天下国家之处自不必说，它也在各守其职、各尽其责之处”，但是禅并非对每一个具体的问题都有一定的指导方针。“在处理具有固定前提的事件时，当事人因为各自的分别知而有不同的意见。禅所能给予的只是开动这些分别的思想的原理。这个原理被称作无功用或无功德。”我想应该在细细品读先生的这些话语之后，再去读后面的各个篇目。首先在开始的《无功德》篇，引用了《碧岩录》第一则，即著名的达摩与梁武帝的问答。梁武帝问圣谛第一义（禅的根本义）时，达摩说：“廓然无圣。”帝又问：“对朕者谁？”答：“不识。”另有一则问答，问：“朕即位已来，造寺、写经、度僧不可胜纪，有何功德？”达摩很干脆地答道：“无功德。”先生说：“‘不识’是禅的思想或哲学，无功德是禅的伦理，是宗教。”（两人的问答从历史的角度看是令人怀疑的，可以说是巧妙的创作。）无功德即无功用的行为不考虑回报，“虽说做这样的事情就会有这样的回报，但比起做事情来，更多地考虑回报，就不是无功用行为。更严肃点说，只考虑做事，不考虑任何其他的事情，就是无功用行为。如果已决定这件事就是现在应该做的，就只管做事，其他任何的利害得失都不在意，这便是无功用。”但这个利害得失是行为者自身的利害得失，不是自己所属的集团的利害得失。个的行为，只要是宗教的，就总是来自超个的地方。而且个不是实现超个者目的的机器。个作为拥有个人意志的人，通过自己的判断来实践超个的意志。“个与超个是一对矛盾。这个矛盾是无法脱却、无法消解的。将矛盾作为矛盾而全然接受就是脱却，就是消解。般若的逻辑称其为‘即非’。因此，即非的逻辑，亦即无分别之分别，在行动上总是呈现为悲剧。”这是先生在《个与超个的矛盾》开篇讲的话。仔细玩味这些话，就会明白禅行为的意义。虽说是禅行为，但并不是非同一般的行为。真的道德行为即可看作禅行为。先生说：“灭私、没我这些消极性的东西当中还看不到超个性，其行为当中伴随着一种无理，还不能理解为今人所谓‘个人主义’。”牺牲精神自不必说，甚至连没我、无我之类也不彻底。我必须说，真的禅行为，真的道德行为是非常严酷的。在《道德的与宗教的》篇，先生说，“对于道德性的行为来说，总有许多受限制的东西。从充分的意义上看，就是不能实现超个。如果怎么也进入不了宗教式的人生，这也是不可能的。……道德变成地方性的、暂时的、机会性的、即兴的”。在《无功用》篇，他说：“无作之作——无功用的行为——被称为‘狮子颦呻三昧’，或‘狮子奋迅三昧’。”这个“三昧”之名出自《华严经》。狮子怒吼，猛然奔跑起来的时候，百兽畏伏。出自这样强力的三昧的行为才应该是我们的最高理想吧。在《羚羊挂角》中，先生引用禅语“竹影扫阶尘不动，月穿潭底水无痕”，指出：“镜花水月之类也不过就是这个意思。禅意识沿着可称作东方民族心理的轨迹，向文学性表述的方向挺进。在日本，修禅的第一步是要学习很多文学性的美词丽句。相信今后的发展大概会在思想方面。我确信应该如此。”所谓“学习很多文学性的美词丽句”，如谚语“《句双纸》让小和尚哭三年”所说的那样，是指从前的和尚在当小沙弥的时候跟着师傅学《句双纸》(后世的《禅林句集》),现在在临济禅,《禅林句集》至少是修禅者的必读书了。禅僧还要学偈颂作法。这方面的修养非常有意义。然而,较之文学性,今后禅更应该在思想方面发展,这是时代的要求。可以说先生已做出了表率。除了诗禅一味,也要追求因应时代的教禅一致。教外别传的禅讨厌教(教理、哲学)而偏于诗,但在漫长的禅史中也有许多禅者高扬教禅一致的禅。可以对他们进行再评价。先生以前提醒过,在《老僧自亦不会》(注:即本书能知者)篇提到的马祖道一的弟子大珠慧海就是其中之一。先生赞扬其著作《顿悟要门论》"虽然是距今一千多年以前的著作,却不乏新鲜的论述"。他与教宗法师连问答时,循着逻辑渐次导入禅的做法非常高明。

《禅行为》编所引用的许多禅语对我们都非常有启发,其中特别有趣的是《驴觑井》篇。曹山本寂禅师问强上座:"佛的法身(真实在)应自由地因应众生的要求,但是其因应方法是什么?"强上座答:"如驴觑井。"先生说:"驴窥井或看井,实在是中国式的,又是禅宗式的。在出现这些文字的地方赋予了禅的心理特征,这跟水中宿月影没什么两样,但是在表现上更富新鲜感和独创性。"对于上座的回答,曹山批评道:"道则太煞道,只道得八成。"曹山的点评很犀利:"虽说已经相当好了,但还不充分,只说了八分,还有二分不足。"于是上座问:"和尚又如何?"曹山答:"如井觑驴。"至此,已完全没有了意义,但是"只要有一点点说得通,就会涉及分别。无分别之分别不能有意义。从这一点来看,'井觑驴'比'驴觑井'更好"。曹山不愧是洞山的高徒。我不禁想起山村暮鸟的诗集《云》中的三行诗《马》:

马站在水中
马望着水
马的脸在移动

山村暮鸟不是禅者，他没有说“水望着马”，但是晚年的暮鸟喜欢《老子》和《正法眼藏》，或许已经达到了与强上座相近的心境。

《埃克哈特的眼》中，先生承认埃克哈特的神秘主义与禅有契合的地方：“据说埃克哈特的一只眼可以一眼看穿内和外。内是心，外是万物，或者说内是神，外是自己。如果用前文所用的词汇来说，那么内是无分别，是无心，外是分别，是心。可以一眼看穿内外的那一只眼就是无分别之分别、无心之心。”神秘主义也是千差万别。具有排斥思考、专门诉诸感情的倾向的神秘主义与禅无关。而以德国的埃克哈特为代表的思考型哲学的神秘主义有着与禅相当接近的地方。先生老早就注意到他们的神秘主义与禅的相近之处，并写出了著作《神秘主义与禅》[昭和二十二年（1947 年）]。然而，要说禅是神秘主义的，倒也可以这么说，但是与西方的神秘主义大不相同的是，西方神秘主义的体验只偶尔出现在具有特殊的异常素质的人身上。正如《走向禅学之路》所指出的那样，禅把天上的东西搁在了地上。禅不是远离日常生活的东西。“平常心是道。”如果把阳光四射、花儿盛开叫作神秘，那么禅的世界里充溢着丰富的神秘。运水砍柴之中便有神通妙用。无论是神秘还是奇迹，在禅者看来都不是存在于日常以外的东西。禅通过公案加以训练，其主旨就是将任何一个人导向见性。从叫嚷着有必要进行东西方思想比较的时候起，神秘主义与禅的比较就是有意义的了。

《一人》篇中写了这样一件事。一日，在玄沙师备禅师的僧堂进行普请，在僧堂的禅僧们都出去运柴禾的时候，玄沙和弟子进行了一场禅问答。所谓“普请”，就是普请作务。因为要让大家做诸如砍柴运柴、打扫寺院、田间劳作等劳动，所以叫作普请。但是现在只讲作务。作务和坐禅一样，都是很重要的禅的修行。印度没有这个。吾人敬服惊叹的是，古人作务时认真地进行了禅问答。无论什么样的场合都不懈怠，不放松。关于作务以及其他道场上的修行，最好读一下先生的《禅堂的修行和生活》（本选集第六卷）。现今虽已绝版，但已故的间宫英宗老师的《云水物语》也是很有趣的读物。

第三编是“禅问答”，其实第二编“禅行为”中已经记载了很多禅问答。然而之所以要另设《禅问答》一编，是因为它具有禅的显著的特色，想用它唤起读者的注意。先生礼赞著有九十五卷《正法眼藏》的道元是“可称作异于常人的思想家、禅思想家的天才”。同时他批评道，因此而滞言滞句，“他的子孙的眼睛却因此而瞎到何种程度呢？只有知者自知吧”。关于眼藏的《山水经》，他引用芙蓉道楷的“青山常运步”、云门文偃的“东山水上行”等公案，并加以解释，说：“较之九十五卷这个庞然大物，所谓一问一答的禅语足矣。”特别是对于问题“如何是正法眼”，云门回答：“普。”问：“如何是啐啄机？”答：“响。”又《碧岩录》第八则公案，即翠岩和尚在夏末（一期禅修的终了期）问保福、长庆、云门三人：“一夏以来为兄弟说话，看翠岩眉毛在么？”（因为聊无聊之事而受到惩罚，眉毛还在吗？）云门答：“关。”初次接触这一类所谓云门“一字关”公案的读者恐怕会惊诧于他的电光石火般的禅机吧。虽要辟易眼藏的表达，但一字关中也有完全啃不动的东西。啃得动、啃不动，都是五十步百步。公案本来就是远离知解的东西，所以也可以说是啃不动的东西。

先生说：“从以分别知为主的学问来看，再没有比禅问答更难以捕捉的东西了。这也是不得已的。禅实际上被说成是以缥缈的难以捕捉之处为生命的。禅者面对难以捕捉之处，反而在相互之间交换着最为鲜明的理解。那是什么呢？……这不是只有学禅者才提出的问题，其实是所有的苦苦思考的人们都应该考察的问题。”

禅问答与佛教各经典中的问答体不同，也与柏拉图《对话篇》的对话风格不同。禅问答，在世界思想史上没有可与之类比的。这个难解的问答，通过先生的努力，在某种程度上已经变成现代人可以接近的东西，这是非常令人高兴的。若说禅是宗教，它却不立神，是非常理智的、哲学的。若说禅是哲学，它却与所谓哲学不同。禅是实践的、生活的。禅不单纯是宗教，也不单纯是哲学，而是宗教的、哲学的。切切希望读者诸贤再三读本书，去领略这个举世无双的东方思想的宝库，进而跟着良师进入实参实究的生活，并以此来报答铃木大拙先生彻悃的慈悲吧。